Redescubre, equilibra y protege tu naturaleza única

Prácticas empoderadoras para las personas altamente sensibles

Una guía práctica para trabajar con energías sutiles

Bertold Keinar

Prácticas empoderadoras para las personas altamente sensibles

Una guía práctica para trabajar con energías sutiles

EDICIONES OBELISCO

Si este libro le ha interesado y desea que le mantengamos informado
de nuestras publicaciones, escríbanos indicándonos qué temas son de su interés
(Astrología, Autoayuda, Psicología, Artes Marciales, Naturismo,
Espiritualidad, Tradición…) y gustosamente le complaceremos.

Puede consultar nuestro catálogo en www.edicionesobelisco.com

Colección Psicología-Autoayuda
PRÁCTICAS EMPODERADORAS PARA LAS PERSONAS ALTAMENTE SENSIBLES
Bertold Keinar

1.ª edición: febrero de 2024

Título original: *Empowering Practices for the Highly Sensitive*

Traducción: *Cristina Zuil*
Maquetación: *Rodrigo Lascano*
Corrección: *Sara Moreno*
Diseño de cubierta: *Enrique Iborra*

© 2022, Bertold Keinar
Título publicado por acuerdo con Inner Traditions Int. Ltd.,
a través de International Editors and Yáñez'Co.
(Reservados todos los derechos)
© 2024, Ediciones Obelisco, S. L.
(Reservados los derechos para la presente edición)

Edita: Ediciones Obelisco, S. L.
Collita, 23-25. Pol. Ind. Molí de la Bastida
08191 Rubí - Barcelona - España
Tel. 93 309 85 25 - Fax 93 309 85 23
E-mail: info@edicionesobelisco.com

ISBN: 978-84-1172-101-1
DL B 21912-2023

Impreso en los talleres gráficos de Romanyà/Valls S. A.
Verdaguer, 1 - 08786 Capellades - Barcelona

Printed in Spain

Introducción

Hoy en día hay un gran número de personas altamente sensibles (PAS) caminando por nuestro mundo. A muchos de nosotros se nos ha permitido reencarnarnos en esta época de transformación del planeta Tierra. Nosotros, los que hemos decidido venir ahora, somos almas desarrolladas y sensibles. Sin embargo, no todas las almas desarrolladas son sensibles, pero recibir esta herramienta significa que han confiado en nosotros. Estaríamos cómodos viviendo en una sociedad equilibrada, pero la occidental nos hace sufrir. Con «sociedad occidental» no me refiero al lugar en el que se vive, sino a cómo se vive (ritmos y costumbres, es decir, podríamos vivir en el Tíbet o en Nepal y llevar una vida «occidental»).

Se han escrito muchos libros sobre el desarrollo, las prácticas y las teorías espirituales, pero la mayoría, aunque cubren muchos temas sobre un estilo de vida saludable, prácticas energéticas y meditación, no abordan de manera directa los problemas a los que se enfrentan las PAS en su vida diaria (así como las oportunidades que surgen de dichos problemas). Muy pocos libros explican la lógica, la estructura o la razón de la sensibilidad, mucho menos sus beneficios desde una perspectiva espiritual.

Para ser sincero, nunca he visto un libro que trate el tema de las PAS, escrito desde la perspectiva de una persona equilibrada. La mayoría parecen estar escritos por personas cuya percepción y pensamiento están dominados por la parte izquierda del cerebro y, por lo tanto, desequilibradas. El desequilibrio, la dominación de la parte izquierda del cerebro en nuestras vidas, es la causa principal del sufrimiento de los individuos sensibles. Existen personas como yo, autores y maestros, que deseamos ayudar a los demás no sólo a alcanzar su propio nivel, sino a ir más allá.

La sensibilidad es una situación compleja que necesita un enfoque complejo. Bueno, al menos en cuanto a la cantidad de aspectos de la vida a los que afecta. Sin embargo, por otra parte, todo es sencillo.

Nuestra realidad es multidimensional, nosotros mismos somos criaturas multidimensionales. No obstante, buscamos soluciones desde la perspectiva del pensamiento lineal, en otras palabras, sólo desde el hemisferio izquierdo del cerebro. Esto significa que intentamos resolver problemas dentro de unos límites, a través de la manera de pensar que los han creado. En realidad, nuestra sociedad no busca resolver problemas, sino eliminar los síntomas con el fin de hacer cómodo al individuo para la sociedad y productivo para la economía.

Un ejemplo es la forma en la que interpretamos las emociones, la mente, la conciencia y el subconsciente, así como la manera en la que lidiamos con ellos. Los consideramos fenómenos psicológicos y tratamos de «entrenarlos» del mismo modo. No les ofrecemos un aprendizaje o actitud adecuados ni intentamos equilibrarlos. Si no los entendemos, ¿cómo vamos a equilibrarlos?

La hipersensibilidad, la sensibilidad y la empatía afectan en gran medida al cuerpo físico. Sin embargo, dado que proceden de nuestros cuerpos energéticos en lugar del físico, tenemos que abordarlas desde esta perspectiva. La sensibilidad es un talento o una herramienta que acepta nuestra alma antes de la reencarnación, pero es tan fuerte que la consideramos una parte de la naturaleza o el carácter de una persona. No puede separarse de ella, aunque sí adaptarla y controlarla. El propósito de la herramienta a la que llamamos sensibilidad es recibir gran cantidad de información a un nivel sutil. Es un don si sabemos cómo utilizarla, pero una maldición dolorosa si no sabemos.

En este libro, encontrarás razones y explicaciones para tu sensibilidad, además de soluciones prácticas que la transformen de una carga a una bendición. La verdad es que, cuantas más posibilidades haya para el sufrimiento, mayores posibilidades habrá para prosperar y ser feliz.

El lector occidental está acostumbrado a recibir mucha información y explicaciones en los libros (es un enfoque lógico, típico del lado izquierdo del cerebro). Creemos que, si leemos sobre la transformación, entonces la experimentaremos. Sin embargo, en realidad, demasiada información sin práctica produce más perjuicios que beneficios. El lado izquierdo del cerebro o, de hecho, todo el cerebro, es sólo una manera de recibir y analizar la información. Para las personas sensibles, una sobrecarga del cerebro, sobre todo de su lado izquierdo, provoca un gran estrés, incomodidad y sufrimiento.

Este libro incluye información, explicaciones y prácticas. Uno de sus propósitos es desviar tu atención del lado izquierdo del cerebro a una actividad equilibrada y neurológicamente completa, así como a los otros sentidos. Los ejercicios pretenden ayudarte a desarrollar y equilibrar lo que ya tienes y están diseñados para reflejar tu estructura sutil. Debes aprender a hacer las cosas desde tu propia perspectiva, tu sensibilidad y mucho más, paso a paso, para reducir el predominio de la parte izquierda del cerebro.

He escrito este libro desde mi perspectiva, la de una persona altamente sensible, equilibrada y con una gran intuición. Hace tiempo, yo también vivía rodeado de sufrimiento y desequilibrio y trataba de encajar en la sociedad e imitar su comportamiento.

El libro contiene toda la información que puede beneficiarte, al menos es lo que creo y espero. Por lo general, he asumido que escribía para un lector que está a punto de empezar un camino espiritual o ya forma parte de él, pero los ejercicios son para todos, cualquiera puede incorporarlos a su vida. De este modo, si no te gustan algunas partes o no estás de acuerdo con ellas, si no conectas con algo o no te llega profundamente o incluso si sientes que algunas de mis palabras son absurdas, tienes la libertad de pasar por alto esas partes, siempre y cuando sigas haciendo los ejercicios de una u otra manera. Recuerda, alcanzamos el entendimiento y el conocimiento a través de la experiencia, no de la teoría. Los ejercicios de este libro son experiencias y te enseñarán acerca de su naturaleza y la tuya. Quizás no te gusten todos los ejercicios o sientas que algunos son más compatibles contigo y te procuran mejores resultados, pero te recomendaría que los hicieras todos. La primera razón para hacer los ejercicios se encuentra en el efecto que tienen sobre nosotros. Sin embargo, la experiencia que conseguimos al llevarlos a cabo también es valiosa e importante. Me gustaría que intentaras encontrar una manera de perseverar y tener éxito en esos ejercicios en los que, de manera relativa, obtienes peores resultados. Todo esto es parte del autoaprendizaje.

El libro está estructurado de manera que refleje el equilibrio interior de una persona, en lugar de ser una creación puramente procedente del lado izquierdo del cerebro. Contiene mucho corazón, buena voluntad y amor. Léelo desde el corazón, entiéndelo desde la intuición y dale tiempo.

Si no entiendes algo, déjalo para después. De manera deliberada, hago mención de muchas cosas sin explicación, ya que se desarrollan más adelante, en su lugar correspondiente del libro. Continúa leyendo y sigue las instrucciones, encontrarás lo que estás buscando.

Nota: A lo largo de este libro, la palabra «corazón» aparecerá muchas veces, en ocasiones como una idea de la expresión del alma, otras como una referencia al equivalente energético del corazón y, en otros casos, como alusión al órgano físico.

Este libro te ayudará a aprender, entre otras cosas, una idea general sobre cómo funcionan algunos cuerpos sutiles y su estructura, cómo adecuar tu sensibilidad, la manera de protegerte, la forma de abrir y equilibrar algunos chakras, el modo en el que se opera en el «ámbito alfa», cómo conectar con tu fuente divina, meditar y equilibrar los aspectos inmediatos de tu existencia (a los que tu conciencia ya ha llegado), la lógica detrás de (ciertas) prácticas esotéricas, información sobre el subconsciente y cómo comunicarte con él, la limpieza de miedos (y otros residuos que no necesitas), el control de las energías, el karma, la paz interior, la autoestima, el amor, la felicidad, las emociones y energías, cómo confiar en tus sentidos en lugar de en tu lógica y mucho más (por supuesto).

Te deseo una lectura agradable y un viaje fructífero.

¿Quiénes son las personas altamente sensibles?

Las personas altamente sensibles no necesitan que nadie les diga quiénes son las PAS. No requieren de ninguna definición (aunque hable en tercera persona, en realidad soy una de ellas). Sólo sabemos que sentimos demasiado todo lo que nos rodea, desde personas a emociones de los demás, desde el presente al pasado… y no logramos ordenar la información recibida. Deja huella en nuestro interior, a veces durante demasiado tiempo. Demasiadas huellas difuminan nuestra naturaleza. Son como impresiones y tendemos a actuar de acuerdo a ellas.

Las PAS sentimos demasiado, tanto del interior como del exterior. Somos empáticos, una habilidad extraña que no parece ser útil en la sociedad occidental. Sin embargo, a nosotros sí nos sirve, es más, es una herramienta muy importante. También creo que la intuición y la sensibilidad son el futuro y un día será un requisito en algunas profesiones.

La única manera de entender por qué esta herramienta es tan importante es aprender conviviendo con ella, aunque sólo cuando esté equilibrada y nosotros también, para que nos ayude en nuestro camino y en el de las personas que nos rodean. Después de aprender a usarla, no tendremos la sensación de que sentimos demasiado. Por eso, es importante aprender primero sobre ella y a equilibrarla.

En la sociedad occidental, las personas viven en el lado izquierdo del cerebro. Éste se centra en analizar, calcular, desmontar y volver a montar. Es lineal y limitado. Los síntomas del desequilibrio y de una dependencia excesiva de la parte izquierda son, entre otros, la sensación de angustia ante las emociones negativas, las obsesiones y el análisis profundo de ciertas situaciones.

¿A quiénes se considera inteligentes en nuestra sociedad? A físicos, doctores, matemáticos, abogados, ingenieros y desarrolladores de *software*. En resumen, a personas que piensan con el hemisferio izquierdo. La mayoría de los programas existentes para el cerebro y el desarrollo del CI está destinada a dicho hemisferio.

¿Quiénes dirigen nuestra sociedad? ¿Quiénes investigan y escriben informes académicos? ¿Quiénes nos dicen desde la pantalla de la televisión que se ha llevado a cabo una nueva investigación que demuestra esto o lo otro? Nos cuentan a qué debemos tener miedo y por qué. Ese porqué es muy importante, ya que hace que las personas con un pensamiento racional (y sólo racional) «compren» lo que nos venden en televisión. Nos dirigen personas con cerebros desequilibrados. Ésa es la manera en la que ven el mundo y así es cómo nos gobiernan. De esa forma se construyen la sociedad, el gobierno y la arquitectura (la mayoría de los edificios son cuadrados, sin elementos curvilíneos). Ése es el modo en el que procesamos y entendemos el mundo. Así, «enseñamos» a nuestros hijos a vivir.

El colegio, sobre todo en el pasado, aunque ahora la situación está cambiando, siempre ha estado destinado a formar el lado izquierdo del cerebro, a desmontar nociones y volver a montarlas, lo cual es el proceso de entendimiento del lado izquierdo del cerebro.

A las personas desequilibradas se las puede gobernar y manipular con facilidad. Aceptan cualquier cosa que parezca posible, racional o lógica (lógica, en oposición a verdadera, significa que se puede sustentar sobre un argumento con integridad interna). Se puede influir con facilidad en las personas desequilibradas a través de sus emociones negativas (dicha palabra, en este contexto, significa emociones relacionadas con la supervivencia, con los tres chakras inferiores). Esto ocurre porque el lado izquierdo del cerebro debe encontrar una solución, ser uno de los componentes de un todo, en vez de ser tratado como el propio todo. Está guiado por las emociones, normalmente negativas, porque éstas son un problema y el cerebro busca soluciones. Tiende a buscar soluciones en exceso, de manera que su motivación original (la emoción negativa que impulsa la operación neuronal) se vuelve crónica. El cerebro seguirá buscando una solución mejor, dado que la emoción negativa que impulsó la operación neuronal nunca desapareció. Así, esta emoción negativa se convierte en su segunda naturaleza.

La parte izquierda del cerebro actúa como una lavadora que limpia la misma ropa una y otra vez. Al resolver de manera crónica problemas existenciales y pensar de forma constante en el mismo dato, el lado izquierdo del cerebro nos hace creer continuamente que estamos en modo supervivencia, por lo que nuestros recursos energéticos no se pueden destinar a la felicidad interna, mucho menos a un crecimiento espiritual. Desde el momento en que nuestra energía queda atrapada en la parte izquierda del cerebro, usando emociones negativas como combustible, la energía de los chakras inferiores no puede ascender más allá del tercer chakra. Esta etapa es perjudicial para cualquiera y mucho más para las PAS. Si buscas un desarrollo espiritual, no podrás alcanzarlo hasta que resuelvas este problema.

Vivir una vida guiada por el hemisferio izquierdo como persona altamente sensible hace que esta situación empeore. Va en contra de la naturaleza del equilibrio en la que deben permanecer las PAS, y su sensibilidad hacia los sentimientos y las emociones de otras personas pueden convertirlas en «objetivos» fáciles. Hay que trabajar duro para lidiar no sólo con tus emociones en modo supervivencia (guiadas por el lado izquierdo del cerebro), sino también con todas las personas de tu alrededor. Piensa un momento en alguien que conozcas (un familiar, un niño, una pareja sexual, una amistad, alguien que viva contigo o a quien veas todos los días en el trabajo). ¿Qué has sentido? ¿Lo mismo que notaste mientras leías las últimas líneas? Con personas que te han causado alguna especie de trauma, aunque sea a pequeña escala, cuando piensas en ellas, el recuerdo penetra en tu parte consciente como un reflejo de dicho trauma.

Las personas sensibles «recogen» las sensaciones de las energías de otros, por lo que absorben las de una persona con energías poco agradables sólo con pensar en ella. Estos individuos se asocian al trauma o al acontecimiento negativo. Éste es el lado nocivo de ser una persona sensible desequilibrada.

Lo peor es que, desde el momento en el que captas las emociones negativas no hay vuelta atrás. O esperas lo suficiente para que calen o haces un esfuerzo enorme para convencerte de que no hay nada que temer o de qué preocuparte. Es muy difícil liberarse de las emociones negativas (digo «emoción» para simplificar, pero también incluye pensamientos).

Sin embargo, la buena noticia es que es posible y, en realidad, muy fácil, si se sabe cómo hacerlo. Las emociones negativas son muy contagiosas, sobre todo para las personas con alta sensibilidad, que son excesivamente vulnerables. Después de estar expuestas a un mundo de emociones y pensamientos negativos procedentes de las personas cercanas, ya sea por elección o por destino, se sienten sobrecargadas y se cierran sobre sí mismas, huyen o buscan un lugar en el que sentirse a salvo. Por lo general, ésos son los lugares en los que nuestra sensibilidad descansa. Cuando no nos rodeamos de personas, hay menos que sentir. Cuando estamos solos, nos encontramos más calmados porque no hay nadie a quien sentir. Además, nuestra sensibilidad se muestra menos receptiva en otros estados, como después de beber alcohol o tomar drogas. Así se «apaga» de manera temporal la sensibilidad, aunque no otros aspectos como la huella energética o el estado alfa desprotegido (hablaremos del tema más adelante).

Estos estados de sedación no resuelven el problema. Los métodos para alcanzarlos no ayudan a protegernos de las energías y emociones del mundo exterior. Como mucho, lo único que hacen es activar el modo «sin sensibilidad». Dejamos de sentir, pero los procesos siguen funcionando. Un aspecto aún más perjudicial de los métodos de sedación (como la marihuana) es que producen un estado más profundo de trance meditativo. Dicho estado es muy vulnerable para las PAS y para las personas que meditan. En esta etapa, el cerebro se encuentra en su estado alfa, es decir, se muestra más receptivo y abierto a todo tipo de información y (en cierta medida) al subconsciente. La mayor parte del tiempo, las personas sensibles ya están, al menos en cierto modo, en un estado alfa, muy receptivas. Ésa es la razón por la que advertimos de manera tan intensa gran variedad de sentimientos y energías a nuestro alrededor.

Si usamos los métodos de sedación sin protección, una gruesa capa de energías «oscuras» cubrirá todos nuestros sentidos (incluida gran parte de nuestra conciencia) para evitar que sintamos el mundo exterior y a todos sus individuos. Esta gruesa capa se colocará entre el cuerpo etérico y los demás cuerpos, con lo que finalmente se reducirá la sensibilidad. Sin embargo, el flujo de energía también disminuirá. Desde ese momento, la energía no alcanzará los cuerpos y causará enfermedades en el futuro.

La infancia puede ser un buen momento para algunas PAS, pero, cuando llegamos a la pubertad, perdemos la conexión interior con nosotros mismos y el mundo nos da la espalda. Nos ocurre a todos. Al convertirnos en adolescentes, nos despertamos en una nueva realidad y comenzamos un proceso de investigación por nosotros mismos debido a esa desconexión interna. Algunas personas sensibles comenzamos en vano a buscar en nuestro interior la conexión que teníamos antes. Después, por lo general, intentamos encontrar respuestas en el exterior. No obstante, cuanto más avanzamos, menos respuestas obtenemos. Algunos nunca las hallamos.

El universo sirve para un propósito: el crecimiento espiritual. Nuestro planeta es la escuela para dominar (entre otras cosas) las emociones y pensamientos en el cuerpo físico. Hay tres tipos de personas en el planeta dependiendo de cuál sea su motivación: los que huyen del dolor (el dolor es malo), los que persiguen el placer (el placer es bueno) y los que buscan la verdad o el crecimiento espiritual (no hay nada bueno ni malo, al final, el propósito es servir a la evolución espiritual, de manera personal y colectiva). Este último tipo busca la verdad y cuenta con tres episodios principales en su vida: la infancia, el karma y el poskarma (es muy personal y varía de un individuo a otro, pero me gusta considerarlo y expresarlo de esa manera para mayor simplicidad). Los primeros dos tipos pueden permanecer en el estado de karma toda su vida, ofreciendo y acumulando karma. Incluso cuando han terminado el período de karma, no siempre consiguen restablecerse y deshacerse de los efectos de dicha etapa.

¿Cómo leer este libro?

Si ya estás preparado para las verdades (principios) descritas en este libro, las aceptarás y entenderás con el corazón y la intuición. Podrás poner en práctica esas verdades. No sirve de nada aceptar las verdades como dogmas. En los dogmas, no hay comprensión ni crecimiento y quizás tampoco verdad. Si no puedes identificarte con parte de este libro, óbviala por el momento. Algunas verdades las aceptarás enseguida y otras dejarán en ti una semilla para un futuro entendimiento.

No te pido que sigas a ciegas este libro, pero intenta no distanciarte de las cosas que te causen alguna molestia. Prueba los ejercicios, examínalos y explóralos por ti mismo. Siente la energía de cada ejercicio fluyendo a través de ti antes de aceptar las cosas por completo. Incluso entonces, cuestiónate si es así y siéntela de la manera correcta. Sé paciente y positivo. Si estás preparado y tienes este libro entre las manos, significa que estás a medio camino de tu paz y equilibrio interiores.

En el desarrollo espiritual, las verdades se consideran «principios», una manera más adecuada de nombrarlas. Las prácticas que realices ahora te servirán de base para la verdad. Después de presentarte los principios más elevados, comprenderás que tus verdades sólo son verdades a medias. Las verdades absolutas se vuelven relativas y, en ese momento, se te mostrarán nuevas verdades absolutas. Así, las verdades absolutas son temporales.

El desarrollo espiritual sirve para elevar el nivel de tus verdades, así como tu consciencia al nivel de una nueva verdad. Cuando hablamos de verdad, imaginamos algo absoluto, pero lo único que es absoluto es Dios. Nuestra conciencia ha tomado el camino para llegar al «centro» de Dios. El camino es eterno, es decir, en él no se halla la verdad absoluta. Siempre y cuando no se presente a la conciencia un principio más elevado, el principio actual será la verdad absoluta.

Esto se ve con facilidad en los niños, ya que ellos descubren cada día un nuevo principio. Entre los adultos, sólo unos pocos individuos descubren principios más elevados, por lo general en investigaciones científicas.

Todos los objetivos se convierten en medios para objetivos más elevados. Éste es el camino normal de cualquier desarrollo. Si algo me intriga hoy, quiero aprenderlo y dominarlo. Cuando forma parte de mí, lo siguiente, relacionado con lo primero, me llama la atención y me dispongo a alcanzarlo. Los nuevos descubrimientos han aparecido sólo gracias a mis logros previos.

Como persona sensible, quería protección. Después, cuando la conseguí, quise equilibrio. Luego, desarrollo espiritual. Al final, entendí que mi alma, mi yo más elevado, que toma el lugar de la personalidad del día a día, quiere servir. Entonces, busqué maneras de servir a otras personas y cada servicio se convirtió en un paso hacia un servicio mayor. Por supuesto, el servicio también debe adaptarse a los límites del camino personal de cada uno.

Nota: Dios es un tema muy sensible y complicado. Nuestra vida se basa en buscar qué es Dios con todos los métodos de los que disponemos: físicos, emocionales, mentales, con calma, silencio, los aspectos más elevados del amor, etc. Cuando hablo de «Dios», me refiero a la fuente de todo, al principio de todo, al ideal preliminar que contiene todas las otras ideas. Si intentamos alcanzar el inicio de cualquier noción, acabaremos llegando a nuestra idea de Dios.

Cada unidad de este libro comienza con un pequeño título y termina con un ejercicio principal y algunos complementarios. Te pediría, por favor, que dejaras algo de tiempo entre una unidad y la siguiente. Este período es necesario para el procesamiento y la integración de nuevas vibraciones y hábitos desarrollados por los ejercicios. La transformación real se encuentra en los ejercicios, no en la teoría.

El ejercicio principal es obligatorio y los complementarios son muy recomendables. En la mayoría de los casos, todos están dirigidos a resolver el mismo problema «técnico». Cuando te sientas a gusto con el ejercicio principal, puedes probar algunos o todos los complementarios. Cuando sientas que tienes el control y ganas de más, procede a la siguiente unidad.

El libro está elaborado de manera que todos los ejercicios desarrollan «músculo» para el siguiente. Si vas paso a paso, tendrás todas las herramientas necesarias para conseguir éxito en el siguiente ejercicio y evolucionar hacia la comprensión de las cosas internas (por eso, tienes sensibilidad, entre otras razones, para poder sentir tu interior).

En muchos casos, dejo las explicaciones para más adelante. Igual ocurre con los ejercicios. Si no especifico un tiempo es porque te dejo que encuentres el correcto. Dado que este libro pretende equilibrarte, hay muchos aspectos relacionados con los ejercicios que permito que descubras por ti mismo. Intenta sentir, fracasa, sigue practicando y mejora. En otras palabras, crece. Y, cuando lo tengas totalmente controlado, suéltalo y procede con el siguiente…

Tres etapas de la vida

Infancia: Durante esta etapa, recibimos todas las semillas que necesitamos para lidiar con los períodos de karma y poskarma. Nos involucramos en todo tipo de actividades que nos facilitarán el futuro, es decir, tocamos y experimentamos muchas cosas. Probamos actividades que nos gustan (lo llamamos jugar). Cultivamos las semillas a través de la felicidad, señal que nos indica que lo que estamos haciendo procede de la raíz de nuestra alma y tiene que ver con nuestro futuro en la Tierra.

¿Por qué nos gustan unos juegos más que otros? ¿Por qué algunas cosas que hacemos o aprendemos van de la mano con el placer o la felicidad? A los niños les gusta divertirse. La felicidad aparece cuando tocamos cosas especiales para nosotros, las que tienen conexión con nuestra realización personal en la Tierra. La felicidad está conectada con nuestro camino en este planeta y nos llega a través de dimensiones más elevadas.

¿Recuerdas la conexión interna con nosotros mismos, la que se pierde durante la pubertad? Mientras somos niños, es muy fuerte. Es la conexión entre Dios (nuestra chispa divina, el gran espíritu) y la chispa de nuestro interior. Igual que el agua fluye por las tuberías y la electricidad por los cables, la felicidad recorre esa conexión interior. Lo mismo ocurre con todas las otras emociones positivas, pero ésta es especialmente importante en nuestra vida, un indicador de dirección del período poskarma. Después, conectaremos con todos los elementos de felicidad que tuvimos durante la infancia, con todas las semillas cultivadas en el período de la niñez.

Cuantas más experiencias y recuerdos tengamos de esta época, más fácil nos resultará después. En el período poskarma, estos pequeños recuerdos surgirán de manera impredecible, nos señalarán y darán una pista, una indicación, de las cosas que nos gustaban, de las que nos producían felicidad de niños. Esos momentos están ahí para mostrarnos el camino.

Durante este período, ocurre también otro proceso: el de registrar lecciones pasadas y futuras. Llegamos con cierto karma y energía del pasado, no hemos terminado algunas lecciones y tenemos dudas sobre el universo. Cuando nacemos, no recordamos esos asuntos inconclusos, pero portamos su energía en nuestro interior (algunos se pueden ver en la carta astral). Esas energías se manifestarán en forma de acontecimientos en nuestra infancia, a los que después nos referiremos como traumas. Las lecciones que deben ser aprendidas se resolverán durante el período de karma. En otras palabras, nuestras experiencias infantiles traumáticas son el resultado de deudas y lecciones kármicas. Lo digo porque tendemos a culpar al «acontecimiento» o a otras personas de nuestras desgracias y traumas que permanecen con nosotros durante toda la vida, pero, en realidad, somos responsables de la aparición de dichos acontecimientos, los atraemos.

La infancia es nuestro período de preparación. Nos permite revelar y desarrollar algunas de las cosas que debemos alcanzar al final. En la infancia, se nos muestra qué se espera de nosotros desde el punto de vista de las acciones y la consecución. En la niñez, si no estamos en el punto álgido, nos encontramos al menos más allá del punto medio de nuestro potencial alcanzado condicionalmente (el uso de este adverbio se debe a que se nos muestra y luego nos lo arrebatan para que podamos conseguirlo por nuestros propios medios).

Para aquellos que hemos acumulado karma, la reencarnación es inevitable. De este modo, ambos conceptos son inseparables. La reencarnación es la expresión del karma acumulado y la oportunidad de aprender de él y limpiarlo. Vemos a alguien con talento en un cierto ámbito y pensamos «esta persona tiene un don». Sin embargo, esa persona ha trabajado duro para desarrollar ese «don» en vidas pasadas. A veces creemos que un niño no se parece en nada a sus padres. ¿Por qué? Porque los padres no dotan de personalidad a sus hijos, sólo canalizan algunos talentos. Los niños son almas con sus propias «personalidades» y experiencias acumuladas en reencarnaciones anteriores. La mayoría llevamos «equipaje» procedente de dichas reencarnaciones y eso es el karma, una combinación de retornos (buenos y malos), lecciones y pruebas.

A nuestra sociedad le gusta vernos como una pizarra en blanco. Cuando llegamos al mundo, la idea es que tenemos sólo dos fuentes principales de influencia para nuestro desarrollo: el entorno y la genética. De hecho, llegamos aquí con unos gustos y preferencias bastante fijos. Contamos con lo que nos hace felices y con aquello por lo que debemos pagar. El resto se basa en la forma en la que esa experiencia previa interactúa con nuestro entorno y genética.

Por eso, durante la pubertad, después de un cierto período de transformación durante el cual, por lo general, tiene lugar el proceso de desconexión interna, nos quedamos con las lecciones, pruebas y dudas a las que debemos enfrentarnos en esta vida. Al comienzo de este período, algunos seguimos pensando y actuando según lo «antiguo», con la manera de pensar y lidiar con el mundo de nuestra infancia (como si siguiéramos conectados a la fuente). La conexión interna nos proporciona seguridad e intuición. Está ahí para ilustrar lo que tenemos que conseguir en el futuro. Entonces, se produce la desconexión que nos deja con aquello que debemos hacer. Es como el entrenador de un deporte, quien da un discurso antes de que los jugadores pisen el campo, pero, a partir de ese momento, están solos.

La pérdida de la conexión interna es lo que expone nuestra vulnerabilidad y falta de autoestima, lo que se encuentra en el lado negativo de la sensibilidad. La conexión era lo que nos estaba protegiendo. Dicha conexión mantenía las «líneas de suministro» desde las partes más elevadas de nuestro ser, las que nos protegían. Desde el momento en el que deja de intervenir, perdemos no sólo la protección, sino también nuestra identidad. Nuestra identidad más elevada cambia a una inferior, a una identidad basada en que «estamos solos».

El período de karma es el período de nuestra vida en el que nos encontramos desconectados de la parte más elevada y trabajamos con nuestro yo inferior, la personalidad. Estamos a punto de aprender nuestras lecciones mientras permanecemos parcialmente a ciegas (si no, el proceso no sería tan significativo para nuestra alma). Si quieres llamarlo de alguna manera, es nuestra época oscura antes del renacimiento.

Por lo general, en nuestra etapa adolescente, muchos de nosotros cultivamos una nueva identidad «atractiva». Después de enfrentarnos al vacío causado por la desconexión, comenzamos a mirar a nuestro alrededor, al exterior, para llenar con algo dicho hueco. Encontramos o desarrollamos una nueva identidad con la que nos identificamos. Esta identidad no tiene nada que ver con nuestro yo (real), pero tememos perderla porque nos da miedo el vacío, la desconexión que experimentamos después de romper nuestra conexión interna.

Este período es distinto para cada uno. En muchos casos, alcanza el punto álgido con algunas lecciones duras. Pueden aparecer en forma de enfermedad, divorcio, una pérdida dolorosa de trabajo o cualquier otro acontecimiento que nos cambie la vida. Para algunas personas, dichos acontecimientos dolorosos marcan el principio y el final del período. Durante el «punto álgido» y después, es crucial no aferrarse al pasado, a lo que se marcha. Lo importante es aceptar los cambios de una manera saludable.

Muchos momentos de luz surgen durante esta etapa. Las personas se encuentran haciendo cosas que no habían hecho desde hacía mucho tiempo. En muchos casos, son aquellas que les gustaban durante la infancia. Vuelven a ellas para recargarse porque, en esos momentos, se sienten vivas, les dan vida.

De hecho, el período de karma es más fácil si entendemos que hemos perdido la conexión y si sabemos cómo recuperarla. No todos hemos nacido en una familia de yoguis, maestros espirituales o esotéricos. Pero si seguimos leyendo este libro, entenderemos cómo hacerlo. Ningún camino en este planeta es sencillo, pero recorrerlo de manera consciente, con el conocimiento y las herramientas adecuados, será más fácil. Así, recibiremos menos bofetadas en la cara y una mayor comprensión del proceso.

Poskarma: Después del punto álgido del karma, por lo general entre los treinta y cinco y los cuarenta y cinco años (aunque algunas personas llegan a él mucho después), cuando se calma el tumulto emocional (para algunos dicho tumulto puede ser mental o de ambas clases), llega el período poskármico. La crisis de la mediana edad de la que todos hemos oído hablar puede relacionarse en muchos casos con el principio de esta etapa, la época posterior al punto álgido del período kármico explicado anteriormente. Mientras vivimos o luchamos contra las lecciones del período kármico de nuestras vidas, desarrollamos herramientas, maneras de pensar y percibir el entorno que nos rodea. Nos hemos olvidado de que fuimos niños y adolescentes. Sólo nos recordamos desde el momento en el que logramos poner orden en nuestra vida después de cada acontecimiento de desconexión y de las duras lecciones.

El vacío que aparece en el período poskármico asusta a algunos. Intentamos pensar de nuevo en nuestras vidas y encontrar nuestro camino. Para ciertas personas, nada ha cambiado en realidad: no hay duras lecciones ni alteraciones enormes, pero el vacío está ahí. Lo causa la «limpieza» de antiguas energías de tu vida para dejar paso a las nuevas. Esta «limpieza» puede ser muy traumática y es la causa de esos acontecimientos que ponen nuestra vida patas arriba.

Algunas personas no logran lidiar con ese vacío y tratan de llenarlo con significado. Otras intentan volver a su antiguo modo de vida. Es el momento en el que debes recordar tus instantes de felicidad, cuando el universo te cuenta que la lección se ha acabado, que estás entrenado y preparado para cumplir todos tus deseos. Estas acciones que te aportaban felicidad siguen estando potencialmente ahí, siguen siendo las cañerías por las que fluye la energía, la felicidad, la energía creativa.

La clave aquí es muy sencilla, aunque no muchos somos conscientes de ella. El principio dice que no se puede alcanzar el siguiente pico de actividad de la vida usando las herramientas con las que hemos llegado al anterior. Los picos, los puntos álgidos y el vacío son parte de la ley del ritmo. Observamos cómo se repiten.

En las artes marciales y el boxeo, por ejemplo, el entrenador permite que los alumnos con más experiencia ayuden a los que tienen menos, a veces incluso les enseñan lo básico. Lo mismo ocurre con nuestro principio. ¿Cuántas veces has sentido que estabas en el punto álgido de algo, pero, tras explicárselo a alguien, la sensación de «estoy muy seguro sobre este tema» te ha abandonado, dejando atrás un vacío?

Sin embargo, también deja a su paso el potencial de futuros puntos álgidos. Después de liberar la antigua energía, la energía del punto álgido anterior, podemos disfrutar de futuros éxitos.

~ ৽ ~

En el período poskármico o en la crisis de la mediana edad, estamos en el comienzo de una nueva vida. Sentimos el vacío, así que ¿dónde deberíamos buscar el siguiente punto álgido de nuestras vidas? Las pistas se encuentran en el pasado. Todos los momentos de felicidad que tuvimos en la infancia vuelven a nosotros si se lo permitimos. Las cosas que nos gustaban están disponibles ante nosotros. Ahora es el momento de conectar instantes de felicidad de nuestra infancia y elevarlos, igual que las grandes mentes del Renacimiento y la revolución científica de la Ilustración fueron capaces de hacer grandes cosas con los conocimientos que recibieron de la época clásica. La historia sigue el mismo principio.

~ ৽ ~

Ya hemos visto las ondas alfa del cerebro y, en parte, cómo, en este estado, permanece desprotegido y de qué manera nos hace sensibles. Las personas tienen distintos niveles de consciencia. Nos centraremos en los tres siguientes: el subconsciente, la consciencia y la supraconciencia.

Esta última es la que intentamos alcanzar, la que deseamos conseguir desde el momento en el que entendemos que la vida tiene algo más que ofrecer. Ése es el ámbito al que viajan los que buscan la verdad.

La conciencia es en la que nos encontramos durante las horas que permanecemos despiertos. Es nuestra vida diaria (excepto en algunos momentos) y más o menos hace referencia a estar presentes en lo que ocurre a nuestro alrededor. Es mucho más complejo, pero ésta es una manera sencilla de ilustrarlo que cumple un propósito: guiarnos hacia el subconsciente.

El subconsciente se encuentra en el ámbito de los sueños. Es un nivel sutil de nuestra estructura esotérica al que creemos no tener un acceso consciente. Esa área está compuesta de energía no manifestada, el campo cuántico de las posibilidades, si prefieres llamarlo así. Es agua, un mar sin forma. Cuando algo influye en una parte de ese mar para crear una forma, se convierte en influencias y proyectos en nuestra vida diaria. Un acontecimiento doloroso se graba en el subconsciente a través de la influencia de emociones fuertes.

Es muy importante comprender más sobre la naturaleza de este vasto mar al que llamamos subconsciente porque se encuentra en el ámbito de las energías sutiles, las emociones y los pensamientos. Es el lugar en el que existen muchas criaturas. Acceder a él se consigue a través del estado alfa del cerebro.

Las ondas alfa tienen niveles o grados. Alcanzar un estado mayor de ondas alfa significa, en realidad, adentrarse a más profundidad, como con la meditación. Desde este punto de vista, las personas sensibles estamos en el estado alfa la mayor parte del tiempo, incluso si dicho estado no es muy profundo. Somos sensibles porque, como en *Matrix*, estamos conectados a esta realidad sutil y por eso sentimos la comunicación sutil de la energía con mayor intensidad. En parte, vivimos en el mundo, en cierto nivel de existencia, desde el que recibimos retroalimentación constante. Este mundo sutil está lleno de vida y parte de esa vida puede resultarnos perjudicial. Es como viajar a un lugar nuevo, es mejor ir equipados para enfrentarnos a la incertidumbre y a posibles peligros. Sin embargo, eso es justo lo que hacemos: accedemos al estado alfa sin protección.

Cuando estamos conectados al campo de la comunicación sutil de energías y percibimos las emociones negativas de alguien, dejan una huella en nuestra realidad sutil, en nuestros cuerpos sutiles y en nuestro subconsciente.

Pero hay algo más. Si nuestro subconsciente se encuentra en cierto nivel de realidad, la realidad sutil, ¿cuál es la conclusión lógica? Que el subconsciente de todos se ubica en el mismo lugar, en la misma frecuencia de realidad, el inconsciente colectivo de Carl Jung, si quieres llamarlo así. Cuando entramos en trance o meditamos, alcanzamos el mismo ámbito y en dicho ámbito podemos encontrar nuestro subconsciente.

Es importante mencionar que nuestra consciencia es la intérprete de los acontecimientos de nuestra vida. Si un coche está a punto de atropellarnos y nos lo tomamos con calma y tranquilidad (porque la conciencia piensa que hemos tenido suerte), no dejará una huella negativa en el subconsciente. Sin embargo, si el acontecimiento nos produce miedo o pánico, dejará su marca en el subconsciente. Es la conciencia la que marca la diferencia.

Si vivimos una experiencia negativa acompañada de una emoción fuerte, esta experiencia va a adentrarse en nuestro subconsciente con mayor fuerza aún. ¿Y si algo puede entrar…? Exacto, puede salir. Por eso, el ámbito sutil compartido en el que se encuentra nuestro subconsciente es la clave de nuestra sensibilidad.

Leer este libro es un proceso de transformación, uno gradual. El proceso contiene dos caras: transformación de la manera de pensar (toda la información contenida en él) y de la manera de vivir (todos los ejercicios y nuevos hábitos). Por eso, ahora es un buen momento para introducir el primer ejercicio.

✁ EJERCICIO PRINCIPAL ✃

LA VELA (MATUTINA)

Tiempo y duración
Por la mañana, nada más levantarte, durante cinco minutos.

¿Qué hacer?
Coge una vela corriente, enciéndela, colócala ante ti (entre veinte y treinta centímetros de distancia) y visualízala.

¿Cómo hacerlo?

Tómate unos minutos en memorizar la vela. Después de asegurarte de que tienes una imagen de ella, cierra los ojos y visualízala en el centro de tu cabeza (no te preocupes demasiado de localizar el centro físico). Si deseas hacerlo con precisión, imagínatela en la glándula pineal (de nuevo, no te preocupes demasiado de la exactitud física). Cuando la tengas ahí, mírala y permite que tu concentración se limite a ella. Permanece así, pendiente de la imagen de la vela que has creado en tu mente, durante cinco minutos exactos. Además de la vela, sólo debe haber silencio.

Mientras lo haces, deberías esforzarte por crear una imagen más elaborada. Comienza a ver más detalles de la vela en la imagen que creas en tu mente. Pueden ser la textura, el color, los contornos y los reflejos.

¿Qué no hacer?

- No bloquees ni reprimas pensamientos. Éstos vendrán. Sólo concéntrate en la vela. Si te descubres fantaseando y dejándote llevar por el flujo de pensamientos, vuelve a ella.
- Al realizar este ejercicio, no introduzcas distracciones con otras actividades (música, televisión, comida…).
- No practiques el ejercicio durante más de cinco minutos, aunque te concentres en la vela sólo diez segundos y el resto del tiempo estés en las nubes.
- Si aparece un sentimiento, no desvíes la concentración hacia él (aunque sea placentero). Permanece atento a la imagen de la vela.

¿Cómo y cuándo sabré que está funcionando?

Las personas que meditan o hacen prácticas similares suelen sentir los efectos en un plazo de tres a cinco días.

Otras necesitarán un poco más. No puedo decirte cuánto, pero sigue haciendo el ejercicio. Si no sientes los efectos, tal vez sitúes la imagen en el lugar incorrecto dentro de tu cabeza o no estés concentrado en la vela. Juega con ella hasta encontrar el lugar adecuado. Y sigue trabajando en tu concentración. Lo lograrás gracias a la persistencia y la repetición.

Quizás te parezca que vas a necesitar meses, pero no es así; es un ejercicio relativamente fácil y rápido.

¿Por qué lo hago?
Las personas sensibles lo son porque sienten energías, por lo que de alguna manera tienen que lidiar con ellas. Este ejercicio refuerza la concentración y despierta el órgano que, junto con ella, controla estas energías. El poder de la concentración es el de la voluntad, que es lo que guía a las energías.

Resumen
Mañana, vela, sólo cinco minutos, sin distracciones.

Éste es el ejercicio más básico, pero también el más importante. Si no quieres hacerlo, no sirve de nada seguir adelante. Deberías cerrar el libro ahora mismo. En serio, este ejercicio es fundamental, crucial, y seguir leyendo sin realizarlo sería una pérdida de tiempo.

En esta etapa, es buena idea dejar a un lado el libro durante una semana o, como alternativa, volver sobre las partes que hayas leído hasta este punto, pero no sigas adelante por el momento. Haz el ejercicio de la vela durante siete días. Si no, el ejercicio principal de la siguiente sección (el de las esferas energéticas) no funcionará.

¿Recuerdas que vimos cómo la sociedad occidental desarrolla un solo hemisferio del cerebro? ¿Y cómo impide que encontremos el equilibrio? Aquí tenemos algunos ejemplos más.

Contamos con dos manos y dos ojos. La mayoría sólo usa una mano como dominante y lo mismo ocurre con los ojos. ¿Con qué mano estás sosteniendo el libro? Es probable que siempre sujetes los libros con la misma, la dominante. Nuestro desequilibrio es parte de nuestros hábitos.

¿Cuál es la solución? Empieza a involucrar la otra mano, la no dominante, en tu vida diaria. Poco a poco, dale «responsabilidades». Utilízala para lavarte los dientes, limpiar los platos, abrir puertas, etc. Sigue encargándole más acciones a la mano no dominante hasta que lo único que le quede a la dominante original sean los cuchillos y la escritura. Cuando sientas la confianza suficiente, comienza a usar la mano para cortar el pan y verduras. Pero ¡hazlo con lentitud!

Es interesante observar que, al cambiar de mano, sigues aplicando la antigua manera de pensar. Sin embargo, con el tiempo, verás cómo la mano «nueva» utiliza otros patrones de pensamiento y de hacer las cosas en lugar de aceptar la solución lineal, paso a paso. Es divertido. Te va a gustar.

En cuanto a los ojos, ¿qué aprendemos en el colegio? Sabemos que se necesitan ambos ojos para ver dimensiones y profundidad. Sin embargo, ¿qué miramos a todas horas? Pantallas, *tablets*, teléfonos «inteligentes», televisores, libros, material escrito, etc., todos son planos. ¿Qué ocurre cuando miramos objetos planos durante todo el día? Desarrollamos un ojo «dominante» y uno «vago». Y no sólo se debe a los objetos planos que miramos durante todo el día, sino también a la concentración constante de ese ojo, que destinamos a puntos o pequeños símbolos. ¿Dónde está el otro lado, la visión borrosa? En realidad, es más importante equilibrar los ojos que las manos. Éstas equilibran los dos hemisferios del cerebro, pero los ojos activan la glándula pineal, que es la responsable del equilibrio de los cuerpos y las energías. Cuando no se usan bien los ojos (Dios nos dio dos por una razón, no para tener uno dominante y otro vago), la glándula pineal deja de cumplir la mayoría de las acciones equilibrantes.

En yoga, por ejemplo, cuando hacemos una asana (postura), equilibramos la anterior con una complementaria y compensatoria. Las inspiraciones y espiraciones tienen la misma duración; la respiración es rítmica y está equilibrada. Estamos en calma y relajados, pero el flujo de la energía a través de nuestros cuatro cuerpos inferiores es intenso de nuevo, equilibrado.

EJERCICIOS COMPLEMENTARIOS

Observación de los pulgares

Tiempo y duración
Practícalo todo lo que puedas. Es un ejercicio corto, sólo necesitarás dos o tres minutos (o más, si lo deseas), pero no sobrecargues los ojos; hazlo con suavidad y de manera gradual. Pensado para antes de irse a la cama.

¿Qué hacer?
Mírate las uñas de los pulgares. Con el ojo izquierdo, observa la izquierda y, con el derecho, la derecha. Puedes poner algo que atraiga su atención sobre la uña para que le resulte más fácil al ojo permanecer fijo en ella (rotulador rojo borrable o una pequeña pegatina, lo que quieras, ya me entiendes).

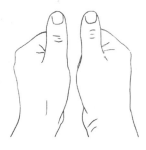

¿Cómo hacerlo?

Forma un puño, dejando los pulgares fuera. Ahora, ponlos uno junto al otro, con las uñas hacia ti. Acércalos lo suficiente a la cara para que puedas mirar cada uña con el ojo correspondiente (la izquierda con el izquierdo y la derecha con el derecho).

Después de un tiempo, cuando te sientas preparado, comienza a alejar las manos de la cara con lentitud. Mantén la mirada sobre las uñas de la misma manera. Separa las manos de la cara, manteniendo cada ojo fijo en su objetivo y centrado. Cuando pierdas la concentración o uno de los ojos «decida» terminar el ejercicio, detente, coloca de nuevo las manos en la posición anterior en la que ambos ojos miraban a su uña correspondiente y comienza a alejar y acercar las manos con pequeños movimientos (hacia delante y hacia atrás, como si trataras de superar los límites de los ojos al permanecer más tiempo centrado en las uñas).

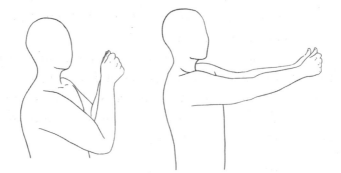

Cuando sientas agobio o cansancio, termina el ejercicio. Vuelve a él después de un tiempo o al día siguiente. Es importante no dejar caer las manos; debes volver a juntarlas y acercarlas a la cara hasta la posición en la que sientas los ojos relajados o incluso hasta la posición original.

Sigue alejando las manos (mientras mantienes los ojos fijos en su objetivo) cada vez más a medida que practiques. Con el tiempo, acabarás moviendo las manos hasta estirar al máximo los brazos. Cuando alcances este punto, comienza a separar las manos entre sí, moviéndolas en direcciones contrarias. Mantén cada ojo en su uña, utilizando el mismo principio de antes: alcanza el máximo, vuelve atrás y haz pequeños movimientos hacia un lado y hacia otro. Para terminar, no te olvides de llevar las manos a una posición cómoda para los ojos y acaba el ejercicio.

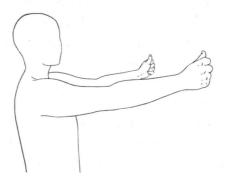

Cuando alejes las manos entre sí, aparecerá un campo extraño. ¿Sabes esa capa de aire moviéndose que se percibe cuando miras a la carretera en un día caluroso? El campo que surgirá entre los pulgares será muy similar.

Dicho campo es muy importante porque, cuando tu glándula pineal despierte, se concentrará en él. Recuérdalo, es esencial. Sólo cuando los dos ojos se equilibran se despierta el tercer ojo (éste y la glándula pineal no son lo mismo, pero están relacionados, como si fueran primos hermanos).

¿Qué no hacer?

- No hagas el ejercicio en exceso ni sobrecargues los ojos. Si sientes cansancio, para.
- Prueba con un fondo negro y sencillo. No coloques nada detrás que atraiga la atención de los ojos.
- No juegues con la concentración. Sólo mueve las manos con lentitud hacia delante y hacia atrás, sepáralas y júntalas. Con mucha lentitud.

¿Cómo y cuándo sabré que está funcionando?

Mirar a objetos planos desequilibra los ojos. Uno se vuelve vago y otro dominante. Con el tiempo, lograrás verlo todo de nuevo en 3D. Te darás cuenta de que ambos ojos comparten de forma equitativa la misión de ver. Otra señal de que estás avanzando con el ejercicio es el campo que aparece entre los pulgares. Esto indica que se está activando la glándula pineal, que es una señal de equilibrio.

¿Por qué lo hago?

Estás equilibrando y redistribuyendo de manera equitativa la carga entre tus ojos. De manera gradual, con suerte, comenzarás a utilizar ambos ojos de forma equilibrada. En algún momento, muy pronto si lo combinas con los otros ejercicios, tu glándula pineal despertará. Ésta es también una especie de ojo y tiene una mayor capacidad de visión que los dos ojos juntos.

HABITACIÓN EN 3D,
VER LA PROFUNDIDAD

Tiempo y duración
Varias veces al día durante algunos segundos.

¿Qué hacer?
Ver la habitación en 3D y captar su profundidad.

¿Cómo hacerlo?
Intenta ver la distancia entre tu cuerpo y la esquina más alejada de la habitación como un campo con volumen, como si estuviera inundada y tuvieras que mirar el agua y la forma que adopta para llenar el espacio. Ahora, observa todo el volumen y la forma como si fuera una única pieza, siéntela y, después, suéltala. Con el tiempo, lograrás ver la habitación en 3D. Cuan-

do eso ocurra, deja de hacer el ejercicio. Con más práctica, podrás concentrarte con facilidad y durante mucho tiempo en el campo dentro de la habitación o cualquier otro lugar.

¿Qué no hacer?
Igual que en el ejercicio anterior (como verás, son muy parecidos), no sobrecargues los ojos. Ocurre lo mismo en los deportes, el sobreesfuerzo daña los músculos, en vez de fortalecerlos.

¿Cómo y cuándo sabré que está funcionando?
Comenzarás a usar ambos ojos y a ver la profundidad del espacio y el campo. Cuando veas en 3D, ambos ojos estarán trabajando. Cuando veas el campo, la glándula pineal habrá despertado.

¿Por qué lo hago?
Esta serie de ejercicios tiene un objetivo: equilibrar los ojos y activar la glándula pineal. Es el comienzo del equilibrio.

Resumen
Percibe la profundidad y el campo, ve en 3D, encuentra el equilibrio.

AURA DE LA LLAMA DE LA VELA

Tiempo y duración
Por la mañana o por la noche, después del trabajo o antes de irte a la cama. Durante unos minutos, pero, de nuevo, no sobrecargues los ojos.

¿Qué hacer?
Ver el aura de la llama de la vela.

¿Cómo hacerlo?

En una habitación a oscuras, enciende una vela e intenta ver su aura. Cuando seas capaz de hacerlo, mantén la atención fija en ella. Lo más probable es que intentes jugar con tu concentración para «atrapar» el aura al centrar tu visión en ella, pero, si lo haces, desaparecerá. La clave aquí es mantener los ojos desenfocados y, aun así, ver el aura.

La glándula pineal puede verla con claridad. Cuando hagas responsable a la glándula pineal de la misión de ver, percibirás el aura con total claridad. En cuanto te dispongas a centrar los ojos, la perderás.

¿Qué no hacer?

Ya lo sabes…

¿Cómo y cuándo sabré que está funcionando?

Cuando seas capaz de cambiar con facilidad de una visión enfocada a una desenfocada y veas el campo.

¿Por qué lo hago?

Cuanto mayor sea el equilibrio que alcances, más habilidades escondidas se desbloquearán. Al involucrar al ojo que menos usamos, podemos equilibrar el trabajo del cerebro, lo que nos da acceso a la glándula pineal, lo que significa acceso al chakra de la corona.

Resumen

Asegúrate de que la habitación esté a oscuras para ver el aura de la llama durante un breve período de tiempo. Cuidado con no sobrecargar los ojos.

Desenfocar la vista

Tiempo y duración

En cualquier momento, durante el tiempo que desees, siempre y cuando no sobrecargues los ojos.

¿Qué hacer?

Desenfoca la mirada y ve el campo.

¿Cómo hacerlo?

Si has estado haciendo los ejercicios anteriores, ya tienes la experiencia y las herramientas suficientes para descubrirlo por ti mismo.

¿Qué no hacer?

Creo que ya intuyes lo que no debes hacer. Sólo te recuerdo que no debes sobrecargar los ojos.

¿Cómo y cuándo sabré que está funcionando?

Utiliza tu intuición.

¿Por qué lo hago?

Ya lo sabes.

Resumen

Despierta la glándula pineal, ve el campo y deja que el cerebro alcance el equilibrio.

Algunos de los cuerpos sutiles

El tema de los cuerpos sutiles es muy amplio, pero este libro se centra en el equilibrio, por lo que no he alargado demasiado esta sección y he tratado sólo el enfoque y la información relevantes.

Además de tener sus propias funciones y cualidades, los cuerpos sutiles se influyen los unos a los otros. Los cuerpos con altas vibraciones influyen en los inferiores. Por ejemplo, con pensamientos puedes explicar tus emociones y, con éstas, puedes crear un cuerpo físico más o menos saludable. Sin embargo, no puedes influir con tu cuerpo físico en el emocional o el mental. Esto no significa que, si te duele algo, tus emociones y pensamientos no sean relevantes, sólo que no pueden cambiarse de manera permanente. Con nuestro cuerpo físico, reaccionamos a través de emociones y pensamientos, pero no podemos diseñar o dar forma a nuestros pensamientos o emociones con nuestro cuerpo físico.

Por eso, en muchos de los ejercicios de este libro y en la vida (como en las meditaciones y visualizaciones guiadas), no trabajamos con nuestro cuerpo físico, sino con los cuerpos sutiles. Lleva tiempo desarrollar sensibilidad en cada uno de ellos y quizás sea complicado al principio para ciertas personas. Pero lo único que tenemos que recordar es que no debemos trabajar con el cuerpo físico, sino con los sutiles, aunque no podamos distinguirlos.

Las diferentes escuelas describen distintos cuerpos basándose en su número o en su función. La mayoría está de acuerdo en lo básico, pero presentan variaciones. Hay diversas frecuencias energéticas de existencia (consciencia), como las emociones, el plano mental, etc. Algunas escuelas llaman a todos los niveles cuerpos, pero, de hecho, sólo tres niveles tienen cuerpo: el físico, el emocional (astral) y el mental. El resto son planos de existencia, niveles de consciencia o dimensiones.

Cuerpo etérico

Los cuerpos sutiles son campos de energía (desde el punto de vista físico). En este nivel, podemos ver cómo dichos campos comienzan en la columna y se proyectan desde allí alrededor del cuerpo físico. Llamamos «aura» a esta proyección alrededor del cuerpo, y a los centros energéticos del aura, «chakras». Estos campos energéticos están dentro o alrededor del cuerpo y penetran unos en otros. Los chakras están ubicados en el llamado doble etérico o cuerpo etérico.

Entonces, ¿es importante para las personas sensibles conocer esos cuerpos y sus estructuras? En realidad, es crucial. A la partícula más básica la podemos llamar «yo soy», con independencia de si su nivel de consciencia (llamémosle espíritu) está o no conectado a esos cuerpos sutiles, los campos energéticos (o envuelto en ellos). Toda la parte funcional del espíritu que siente el entorno físico lo hace a través de la conexión entre el «yo soy» y los cuerpos energéticos.

Sin embargo, es más que sentir, es la capacidad de experimentar y expresar emociones, además de convertir los pensamientos en una realidad energética (crear). El espíritu pertenece a un ámbito puro, de hecho, al más puro. El espíritu tiene la capacidad de crear, pero incluso el mejor arquitecto necesita herramientas y materia para trabajar. Las herramientas del espíritu en nuestra existencia terrenal son esos cuerpos sutiles. La materia es lo que nos rodea, cantidades infinitas, y la conocemos con el nombre de «prana».

Podemos concluir que los dos elementos básicos de la creación (la manifestación de la Mente Brillante, del Gran Espíritu) son el espíritu y la materia. El primero es la partícula de Dios, que es a su vez la partícula divina. Todo lo demás se considera materia, desde la más pesada, la que llamamos «física», hasta la más sutil. En algún lugar entre esos dos extremos de la escala de materia, se encuentran los cuerpos sutiles y el prana (en todas sus formas). De nuevo, en este libro se presentan las cosas desde la perspectiva más relevante para nosotros.

Nota: Algunos ven a Dios como una versión mejorada de ellos mismos, lo que, en esencia, es cierto. Piensa que es la versión definitiva. Venimos de Dios y tenemos cualidades suyas en potencia. La evolución espiritual se produce revelando esas habilidades.

El primer cuerpo sutil que envuelve al «yo soy» es el *aether* o éter. Algunas personas lo consideran un cuerpo, pero es más parecido a un campo energético. Es la sustancia que, entre otras funciones, hace posible que sintamos el entorno, la conexión y el papel de los demás cuerpos. Lo podríamos llamar el campo de la retroalimentación. Ayuda al espíritu a conseguir información sobre la «realidad» y proporciona energía a cualquier lugar al que llega. Es como si tuviéramos Internet en una toma de corriente y recibiéramos tanto un intercambio de información como energía. En resumen, el éter canaliza energía e información. Es cierto que es más complicado que eso, pero vamos a hacerlo sencillo.

Puesto que esta sustancia es el conductor de energía, tiene que extenderse por todo el cuerpo físico y llegar a cada una de sus células. La vida interior (organismo) y el estado de salud dependen de conseguir energía, vitalidad o prana. Sin embargo, también es un conductor de información y sensaciones, ¿recuerdas? Por eso, cuando sentimos dolor, hambre o energías densas a nuestro alrededor, tendemos a reducir el éter o apartarlo de los órganos o áreas en los que notamos molestia.

Imagina que entras en una habitación y te resulta muy difícil estar en ella. El ambiente no es agradable, te dices a ti mismo. Contiene energías indeseadas. Dichas energías son incompatibles contigo. Tal vez sean emociones negativas o pensamientos del pasado que alguien dejó allí (¿he dicho ya que el éter lo registra todo?, pues lo menciono ahora) o una simple falta de prana en circulación. La cuestión es que entras en esa habitación y debes permanecer allí. Entonces, percibes todo tipo de sentimientos raros y desagradables. Si supieras cómo protegerte, lo harías, pero no sabes. Cada vez que dichos sentimientos alcanzan su punto álgido, «absorbes» tu campo energético de éter.

Lo mismo ocurre cuando estás en una cola para comprar perritos calientes o pintalabios, cuando sientes demasiado lo que te rodea o cuando llevas doce horas en un avión junto a alguien a quien no le gusta volar o cualquiera que se encuentre en tu zona de sensaciones (recuerda que este campo se extiende más allá del cuerpo, por lo que sientes lo que ocurre a tu alrededor, aunque no te esté rozando). Lo mismo ocurre con la incomodidad interna, como cuando tienes hambre, pero no comes porque estás muy ocupado o distraído con otras cosas, cuando sufres un dolor menstrual o una caries y no lo tomas en cuenta, cuando llevas ropa o zapatos incómodos o ignoras una mala experiencia sexual o trauma. A diario nos mostramos indiferentes a estas necesidades del cuerpo, entre otras.

El lado fundamental de muchas enfermedades (si no de todas), con independencia de su causa, es la falta de éter. Con el tiempo, agotamos nuestros recursos energéticos. Problemas como el estrés, la falta de una alimentación adecuada o de buenos hábitos alimentarios, la mala calidad del aire, hábitos respiratorios nocivos o cualquier ropa incómoda hacen que absorbas tu cuerpo de éter para dejar de sentir. Así, la sensibilidad puede ser la causa de enfermedades. No obstante, también puede ser la herramienta con la que curarte y ayudar a los que te rodean. Puedes ser (si no lo eres ya) un sanador.

Cuando tenemos dificultades pensando, el cerebro se ralentiza, absorbemos energía de todas las partes del cuerpo por debajo de nuestra cabeza y en muchos casos incluimos también al éter. ¿Por qué los ancianos no tienen fuerza en las manos? ¿Por qué los profesionales de las artes marciales tienen manos fuertes? Cuando intentas abrir un bote de mermelada o pepinillos, desvías la energía y el éter hacia las manos. Los profesionales de las artes marciales entrenan sus manos, por lo que tienen en ellas mucho éter. Algunas personas mayores, por desgracia, absorben el éter de las manos y el cuerpo para concentrarlo en la cabeza y los ojos. Los corredores tienen casi todo su éter en las piernas y los boxeadores, en los brazos y el pecho. Cuando nos centramos en el sabor de la comida, desplazamos el éter hacia la boca.

De este modo, el éter es importante y debes mantenerlo dentro del cuerpo y bien distribuido por él. Practicar yoga, *qi gong* y *tai ji quan* (taichí) de forma correcta redistribuye y recarga el éter por el cuerpo. Al conseguir un equilibrio adecuado y constante, podemos resolver este problema para siempre y aprender a curarnos… o dejar que la energía lo haga por nosotros.

El cuerpo etérico también es un molde, un plano de nuestro cuerpo. Llenarlo con energía es suficiente para que revitalice las células que lo necesitan porque ya conoce la estructura del cuerpo físico.

Si has seguido las instrucciones, en este momento has hecho el ejercicio de la vela durante al menos siete días, por lo que el siguiente te funcionará. Si no, deja de leer y haz el ejercicio de la vela. Luego, regresa después de siete días.

EJERCICIO PRINCIPAL

Ejercicio con esferas energéticas

Tiempo y duración
Después del ejercicio matutino con la vela, durante el tiempo que sea necesario (por lo general, de 10 a 15 minutos).

¿Qué hacer?
«Comprimir» el prana, la energía que está en el aire, y extenderla por todo el cuerpo.

¿Cómo hacerlo?

Tras el ejercicio de la vela. Si no puedes por la mañana, hazlo cuando tengas otro momento libre, pero siempre después del ejercicio de la vela.

De pie, frótate las palmas de las manos para calentarlas. Siente o imagina el flujo energético moviéndose por ellas. Haz lentos movimientos con las manos y mantén la atención en las palmas. Siente lo mismo que si estuvieras tocando una esfera de agua. ¿Recuerdas la sensación de poner la palma con suavidad contra la superficie del agua en una piscina o en el mar? Ésa es la sensación que buscamos.

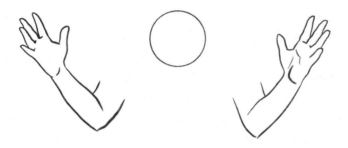

Cuando creas que lo notas (¡confía en ti!), coloca ambas palmas frente al corazón. Con voluntad, crea una esfera de energía con las manos, comprimiendo la energía del aire (prana). Sigue así hasta que sientas los bordes de la esfera. Parecerá que estás aplaudiendo, pero sin que se toquen las palmas. Debes relajar totalmente las manos. Si tensas el cuerpo, detendrás el flujo de energía.

La clave aquí está en trabajar con ambas manos y con la voluntad. Tienes que confiar en ti mismo y, si algo no funciona, no perder la fe. La habilidad se encuentra dentro de ti, sólo tienes que conectar con ella.

No podrás formar la esfera si no sientes aún el efecto del ejercicio matutino de la vela. No pasa nada. Por el momento, sigue moviendo las manos con lentitud, buscando esa sensación de estar tocando el agua o cualquier otra que aparezca entre tus palmas. Y sigue realizando el ejercicio de la vela. Cuanto más lo practiques, mejor podrás sentir y mover energías.

Para algunas personas, este ejercicio será fácil y crearan la esfera enseguida. Otras tendrán que seguir realizando la actividad de la vela y ésta hasta que formen y sientan los bordes de la esfera. Después, hablaremos de los principios de los ejercicios, pero mi consejo es que todos tenemos personas con las que «resonamos» mejor. Nuestros chakras inferiores producen la sensación más básica y común para todos que ilustra la ley de resonancia. Por lo general, cuando sentimos una atracción sexual, una de las sensaciones más primitivas, se debe a la resonancia de los chakras inferiores.

Por eso, tendremos éxito en éste y otros ejercicios cuando los hagamos con personas con las que resonemos mejor en el nivel energético. Todos los que nos rodean nos ayudan, nos arrastran o no causan ninguno de esos dos efectos. Tenemos que rodearnos de las personas del primer tipo. Hay individuos cuya mera presencia hace que nuestra energía fluya mejor, y realizar los ejercicios cerca de ellos o incluso con ellos será mucho más fácil y rápido (ocurrirá lo contrario con personas que tengan disonancia energética contigo). Nada tiene por qué ser difícil. El desarrollo espiritual y todo lo relacionado con él es sencillo y fácil.

Después de crear la esfera, mantenla en la mano con la palma hacia el cielo (hacia arriba). Ahora, ponla en la otra palma. Siente la energía en ella y mantén tu atención en la esfera. Sonreirás si sientes que te sale de manera natural. Muévela de una mano a otra varias veces. Si la pierdes, crea una nueva. Es totalmente normal que esto ocurra; la causa es que has desviado la atención, tus cuerpos energéticos han absorbido la esfera o tu concentración interna no es lo bastante fuerte todavía.

Cuando sientas la confianza suficiente, comienza a mover la esfera con la otra mano, poco a poco, desde la palma en dirección al hombro. La esfera debe permanecer en la mano, como si desplazaras una pelota de verdad que estuvieras empujando por el brazo. Después, pásala por detrás del cuello hasta el otro hombro, cambia las manos y sigue moviéndola hasta la palma contraria. Después, repite el proceso de vuelta a la palma original.

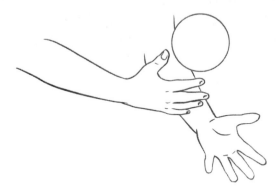

Mover la esfera de una palma a otra y de vuelta a la primera cuenta como una sola vez. Hazlo diez veces. Parece mucho tiempo y un proceso muy largo, pero no lo es. Cuando seas capaz de crear la esfera y hacerla rodar, el ejercicio completo te llevará de cinco a siete minutos.

Cuando lo hayas hecho diez veces, coloca la esfera en la parte superior de un pie y empújala con la mano contraria (la izquierda para el pie derecho y la derecha para el izquierdo) hasta el regazo, bajo el ombligo, cambia las manos y empújala hasta la parte superior del otro pie. Luego, guíala hasta el primer pie. De nuevo, este proceso cuenta como una sola vez. Repítelo diez veces.

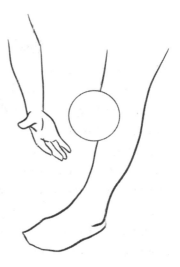

Luego, haz una esfera grande y sujétala con ambas manos. Muévela hacia delante y hacia atrás sobre el regazo, como si tus manos fueran las cuerdas de un columpio y la esfera, el columpio. Mantén la concentración en la esfera y las zonas del cuerpo que toque. Hazlo cinco veces. Después, detenla en el interior del cuerpo, con las manos en paralelo a éste, y comienza a moverla hacia arriba dentro de tu cuerpo hasta colocarla sobre tu cabeza. Después, empújala de vuelta a la posición original. Hazlo cinco veces.

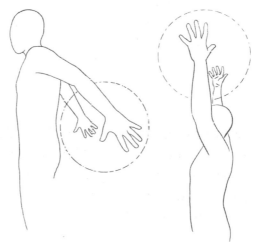

Intenta sentir la energía de la esfera y el cuerpo. Observa si la esfera rueda con facilidad en algunos sitios o si se queda bloqueada en otros. Deja que sea la esfera la que te guíe, no la presiones ni la fuerces. Que se quede atascada significa un bloqueo. Relaja esa área. Utiliza la voluntad para calmarte. Si te resulta difícil, usa tu respiración. No aceleres el proceso.

Si algo no funciona o lo has hecho menos veces de las aconsejadas y no logras crear nuevas esferas, termina la práctica por hoy. Vuelve mañana al ejercicio.

¿Qué no hacer?

- No crees ninguna distracción a tu alrededor (música, televisión…). Mantén la atención en la esfera.
- No muevas la esfera con nada que no sean tus manos. Intenta desconectar de tus pensamientos.
- No muevas la esfera por ningún otro sitio que no aparezca en la ruta descrita.

¿Cómo y cuándo sabré que está funcionando?
Cuando percibas la sensación y sientas la esfera y el contacto con ella, sabrás que está funcionando, especialmente si logras hacer todo el ejercicio con una única esfera, de forma rápida y fácil.

¿Por qué lo hago?
Estás ayudando al cuerpo etérico a ganar vitalidad, a que se abran los canales de tu cuerpo y a renovar el flujo de energía. También permites que la energía alcance cada célula del cuerpo. Estás desarrollando tu sensibilidad de manera correcta. Además, por supuesto, lo estás haciendo para divertirte.

Resumen
Utiliza el prana, en forma de esfera energética, para revitalizar el cuerpo etérico.

EJERCICIOS COMPLEMENTARIOS

LA RUEDA DE PODER O LA RUEDA PEQUEÑA

Tiempo y duración
En cualquier momento. Sólo se tarda unos minutos.

¿Qué hacer?
Comprime una esfera de energía y haz que circule por tu cuerpo.

¿Cómo hacerlo?
Te voy a explicar un poco el contexto teórico: tenemos dos canales importantes (meridianos) que se originan en la parte inferior del cuerpo, entre las piernas (la pelvis inferior, la entrepierna). Hay uno en la parte frontal y otro en la posterior. Comienzan en el mismo lugar, pero no se vuelven a juntar ni cierran el círculo. Así, estos canales no están en funcionamiento la mayor parte del tiempo. La razón por la que no cierran el círculo se encuentra en sus extremos finales. Uno (el frontal) termina bajo el labio inferior y el otro (el posterior) acaba en el hueco entre la nariz y el labio superior. Ambos canales están a un dedo o dos de profundidad desde la superficie de la piel. Podemos cerrar el círculo si tocamos el paladar con la lengua.

Comencemos. Coloca la lengua en la parte superior de la boca (el paladar) o dóblala de manera que toque la parte superior e inferior. Calienta las palmas de las manos frotándolas entre sí. Crea una esfera energética y comprímela hasta que adopte el tamaño de una pelota de tenis o incluso un poco más pequeña. A medida que la comprimas, imagina que cambia de color al rojo. A través del *dan tian* inferior (alrededor de dos o tres dedos de ancho bajo el ombligo, utiliza tu intuición), inserta la esfera en tu cuerpo y, con tu voluntad, pídele que baje hasta la parte inferior de la columna, hasta el coxis.

Imagina a una persona a la que quieras y que te quiera, alguien cercano a ti en el pasado o el presente (la diferencia entre la imaginación y la acción mental es la presencia de intención, así que imagina de forma intencionada). Siente el amor entre vosotros. Esta persona está tocando la esfera con los dedos y la mueve hacia tu cuello por la columna. Mientras tanto, inspira. Cuando la esfera alcance la nuca (siente cómo se carga con energía universal dorada), bajará, pasará más allá de la lengua y volverá a su lugar original (donde se cargará con la energía plateada de la Tierra). Mientras se desplaza desde la coronilla hacia abajo, espira. El movimiento de la esfera lo produce completamente el dedo de la persona que estás imaginando, quien te quiere y a quien quieres (si tienes dificultades para pensar en el amor, cámbialo por respeto, gratitud o cariño). En resumen, la persona utiliza su dedo para mover la esfera por tu columna hasta la coronilla, a través de la lengua y de vuelta a su lugar de origen. En la parte superior, se produce la carga de energía dorada y en la inferior, la de energía plateada. Mientras la esfera se mueve, desprende energía que adquiere del universo y de la Tierra para depositarla en el cuerpo y el canal.

Después, harás este ejercicio sin la ayuda de la persona a la que quieres. Utilizarás la respiración en sincronía con la dirección de la esfera. Inspirarás mientras ésta sube por la columna hasta la coronilla y espirarás cuando baje hasta el inicio del canal. Dado que al principio la esfera se moverá con lentitud, no pasa nada si tardas más de una inspiración en completar el movimiento ascendente y más de una espiración en terminar el descendente. Luego, cuando la esfera comience a moverse más deprisa, puedes ajustar su velocidad a una inspiración y una espiración profundas. Permite que las energías abran los canales y llenen tu cuerpo de vitalidad. Contempla los colores dorado y plateado a medida que la luz circule por los canales.

El número de veces que la esfera debe completar un ciclo entero debe ser un múltiplo de nueve. Sin embargo, dejaré que lo experimentes y pruebes, siempre y cuando el número de repeticiones sea un poco más que el necesario para abrir los canales.

Después de completar el primer ciclo, deja que la persona haga dos ciclos más, manteniendo la atención en la esfera sin olvidarte de respirar como corresponde. La cuarta vez (si te sientes cómodo), deja que la persona suelte la esfera y sigue moviéndola con tu voluntad (mientras respiras). No pasa nada si, las primeras veces que hagas el ejercicio, todos los movimientos los guía la otra persona. Este canal quizás lleve cerrado bastante tiempo. Cuando sientas que ha llegado el momento, libera a la otra persona y mueve la esfera con tu voluntad.

Ahora crea una nueva esfera y repítelo todo desde el principio. Sin embargo, esta vez la esfera debe recorrer el canal frontal, pasar por la lengua y llegar a la coronilla antes de bajar por la columna. Sigue respirando: inspirar para el camino ascendente y espirar para el descendente.

Intenta mantener la espalda recta y las manos en el ombligo. Las mujeres deben colocar la mano izquierda encima y los hombres, la derecha. Cierra la boca y los ojos. Respira por la nariz.

De este ejercicio existen variaciones. El punto de inicio puede ser diferente. Algunas personas lo realizan empezando por la coronilla. Visualizan el séptimo chakra con una esfera dorada que baja. Aunque también es buena opción, aquí empezamos por la raíz, así que es roja. El número de ciclos puede ser distinto. Además, en algunas versiones, no aparece la persona querida.

Para quienes estén interesados en los nombres de los canales: Ren Mai (任脉) es el canal frontal y Du Mai (督脉), el posterior. El punto de la coronilla se conoce como Bai Hui (百会) y el inferior, el de la entrepierna, Hui Yin (会阴). Cuando estamos de pie, con la espalda recta, el superior está justo encima del inferior.

¿Qué no hacer?

- No debes olvidar mantener la lengua contra el paladar de la boca en todo momento.
- En algunos lugares, te parecerá que la esfera se desplaza a un lado o salta. Ahí tienes un bloqueo. Sé más insistente hasta que la esfera pase a través de ellos. Utiliza el amor, en lugar de la fuerza.

¿Cómo y cuándo sabré que está funcionando?
Sentirás la mente despejada (tras un tiempo), comodidad física y energética y energía en circulación.

¿Por qué lo hago?
La energía en circulación es parte de la vitalidad, la salud y la realización personal. Ayudarás a que los centros energéticos superior e inferior se despierten y se sincronicen. Si la energía no se mueve, podemos enfermar.

Resumen
Ayuda a tus centros energéticos a despertar y sincronizarse a través de la circulación energética de la pequeña rueda.

Postura erguida de taichí
(O cualquier otro arte marcial)

Tiempo y duración
Todos los días durante un mínimo de 20 minutos.

¿Qué hacer?
De pie, relájate y deja que el flujo de energía te recorra el cuerpo.

¿Cómo hacerlo?
La postura erguida de las artes marciales es muy básica y sencilla, pero no se puede exagerar su importancia y eficacia. Permanecer de pie es relativamente fácil, incluso adoptar la postura correcta es simple. Con el tiempo y la experiencia, se vuelve mecánica. La parte complicada es mantenerse erguido a pesar de la incomodidad del cuerpo, la mente y las emociones.

El ejercicio combina la forma física con la importancia de la relajación completa. Ya hemos hablado del cuerpo etérico y de cómo cambiamos su forma con nuestras acciones (absorbiéndolo). Cuando nos duele algo y tensamos el lugar en el que sentimos dolor, cesamos el flujo de energía (al tensar el cuerpo físico, también lo hacemos con los energéticos).

En algunos casos, el dolor es casi crónico, por lo que estamos tensos de manera casi permanente. Por eso, la relajación con las acciones correctas nos devolverá el flujo de energía. Este ejercicio nos ayudará a conseguir los nuevos hábitos saludables de un cuerpo relajado y un flujo constante de energía.

Todo el ejercicio se basa en mantenerse de pie y no hacer nada. Este último paso nos libera de malgastar energía y elimina todos los obstáculos que bloquean su flujo (a través de nuestros cuerpos, entre el universo y la Tierra). Cuando éramos bebés, estábamos totalmente relajados. Era menos eficaz porque la energía fluye mejor cuando estamos relajados y de pie, con la columna vertebral recta, pero, aun así, estaba fluyendo. Hoy en día, la mayoría no logramos relajarnos, ni siquiera cuando nos vamos a la cama. Realizar este ejercicio nos recuerda a nosotros y a nuestro cuerpo qué se siente al estar relajados de nuevo.

Los elementos clave son la postura, la respiración, la conciencia y mantener la lengua contra el paladar. La postura es la siguiente: con la lengua alzada, separa los pies a la misma distancia que los hombros, en paralelo entre sí, y, luego, ábrelos un poco hacia los lados (sin desplazar los tobillos). Incorpórate un poco al doblar la punta de los pies, como si intentaras sujetar el suelo con ellos. Imagina que tienes helio en la cabeza o que algo tira de ti hacia arriba. Siente cómo tu columna se estira y el cuello, el pecho y la parte baja de las vértebras ocupan su lugar natural. Nota cómo ganas un poco de altura.

Ahora, dobla levemente las rodillas y desplaza la pelvis hacia delante. Si pones la mano en la parte baja de la espalda, percibirás cómo se vuelve plana o recta. Echa el pecho un poco hacia atrás (como si estuvieras cogiendo aire) y coloca la barbilla ligeramente hacia abajo. Ahí lo tienes. En la versión completa del ejercicio de postura, alza las manos hasta la parte superior del pecho como si estuvieras sujetando un barril grande o algo redondo. Luego, imagina que tienes dos pelotas, una entre las piernas y otra, entre las manos (con esta última, imagina que la parte que toca el pecho te está empujando, haciendo que formes un hueco cóncavo con el pecho al echar un poco hacia delante los hombros). Sin embargo, en nuestra versión del ejercicio, la parte de levantar las manos se puede obviar. No obstante, si quieres hacerla, adelante.

Necesitas sentirte relajado en esta postura, por lo que, si notas cualquier tipo de incomodidad, juega con el cuerpo hasta encontrarte a gusto. Debería parecer que la parte superior del cuerpo se asienta en la inferior con suavidad, sin esfuerzo. Respira con calma desde el estómago y siente una relajación completa. Si notas incomodidad o dolor, dirige calma y energía cálida hacia ese lugar (o mueve esa zona dolorida). Tu conciencia debe estar presente y observar el proceso por el que pasan los cuerpos bajo la influencia del flujo energético. Permanece en el aquí y el ahora. No permitas que tus pensamientos te alejen. Y, por último, aunque no menos importante, mantén la lengua pegada al paladar. Esta parte es crucial.

Al final del ejercicio, levanta las manos sobre la cabeza e imagina (con tu fuerza de voluntad) que estás sujetando una esfera dorada de prana. Baja las manos, permitiendo que la esfera te recorra el cuerpo y déjala marchar hacia el centro del planeta. Hazlo tres veces. Luego, coloca las palmas bajo el ombligo (el *dan tian* inferior), los hombres con la mano derecha encima y las mujeres con la izquierda. Visualiza el *dan tian* como si fuera una bola de fuego o una de acero recién sacada del fuego. El centro de una mano debe estar sobre el de la otra, encima del *dan tian*. Cierra los ojos y sigue así durante unos minutos. Visualiza el *dan tian* muy caliente, incluso en llamas.

Esta postura se basa en mantener la espalda recta, en el sentido geométrico, como una línea recta. La idea tras esta postura y ejercicio es que contamos con tres centros energéticos importantes llamados *dan tian* o, en las tradiciones yóguicas, *bindu*. El superior está en la cabeza, el intermedio bajo el pecho y el inferior bajo el ombligo (utiliza la intuición para encontrar la ubicación exacta). Cuando los alineamos, el cuerpo se relaja y respira con calma. Ahí es cuando el flujo de energía cósmica es más eficaz.

Los beneficios de este ejercicio servirían para escribir un libro entero. Permanecer de pie de esa manera podría curar cualquier enfermedad. Te permite conectar con la naturaleza, la Tierra y el universo. En las artes marciales, sirve para desarrollar unas fuertes raíces. Equilibra y abre todos los canales, meridianos y centros energéticos. En algunos niveles de consciencia, incluso limpia el karma. La incomodidad emocional, aunque a veces nos hace pasar un infierno, sirve para hacer limpieza.

Si gozas de buena salud, es suficiente con permanecer de pie durante 20 o 30 minutos cada día. No obstante, para conseguir resultados más óptimos, prueba a hacerlo una hora diaria. Y, si tienes algún problema en particular o déficit de energía que desees curar, permanece de pie más tiempo.

¿Qué no hacer?

- No permitas que tu cerebro deambule. Mantente en el aquí y el ahora.
- No contengas la respiración. Préstale atención.
- No pongas música ni veas la televisión.
- Si sientes bloqueo o incomodidad, no pasa nada. Significa que la energía está limpiando los canales. No te detengas, sigue adelante.

¿Cómo y cuándo sabré que está funcionando?

Depende del estado de tu cuerpo (sobre todo si ya practicas yoga, *qi gong* u otra práctica energética), el de tus cuerpos energéticos y del físico y, a veces, del área geográfica en la que te encuentres. Hay algunos lugares específicos con una energía muy intensa. Por lo general, pueblos o áreas rurales tranquilas, sitios con fuentes de agua cercanas, como ríos o mares, o montañas son mejores que cualquier ciudad. Normalmente, sentirás los primeros efectos pasados unos meses. Con el tiempo, notarás tu cuerpo más sólido, como si tus cuerpos energéticos se hubieran vuelto más densos. Tus movimientos físicos se harán más fluidos. El efecto no desaparece. Cuanto más tiempo pases de pie, más beneficios obtendrás.

¿Por qué lo hago?

Por equilibrio, salud, autoestima, potencial energético y conductividad. Para aprender a experimentar el flujo de energía y su impacto en ti.

Resumen

Sólo permanece de pie con la espalda recta, respira de forma natural desde el estómago y permite que el flujo de energía recorra tu cuerpo. Sus beneficios no pueden sobrestimarse.

MANOS ETÉRICAS

Tiempo y duración

Ningún momento específico. Hazlo durante un par de minutos.

¿Qué hacer?

Mantén las manos físicas inmóviles y eleva las manos energéticas más allá de las físicas.

¿Cómo hacerlo?

Lávate las manos físicas con el agua más fría que salga del grifo (cuanto más fría, mejor) desde más allá de los codos a las yemas de los dedos. Encuentra un lugar cómodo y siéntate. Pon las manos físicas sobre la parte superior del vientre, con el plexo solar entre ellas. Mantén las palmas hacia abajo, los dedos separados y las manos muy juntas, pero sin tocarse.

Respira hondo y mantén el aire el tiempo suficiente para que puedas soltarlo con lentitud y calma. Hazlo tres veces. Comprobarás que cada vez puedes inhalar más aire, mantenerlo más tiempo y soltarlo con mayor lentitud. Si sabes hacerlo con la respiración yóguica completa, incluso mejor.

Cierra los ojos y respira con calma. Permite que el cuerpo lo haga, en este momento tu única función es observar. Cuando te sientas preparado (utiliza la intuición), imagina con tu fuerza de voluntad que alzas la mano izquierda energética más allá de la física. Ésta última permanecerá inmóvil y relajada, sólo su doble energética se elevará. Vuelve a bajarla. Haz lo mismo con la derecha. Actúa con lentitud.

Abre los ojos y, con tu voluntad, separa ambas manos energéticas y toca el suelo, el sofá o cualquier otro lugar. Siente la textura y la sensación en tus manos físicas, sea lo que sea lo que toques con las energéticas. Tócate la cabeza, los pies y la cara. Entra en el cuerpo físico con el energético desde tu punto más sensible (por lo general, una parte de la espalda o los pies), muévete en tu interior y sal. Juega y experimenta con tus manos energéticas tanto como desees. Ten en cuenta que, cuando trabajas con tus cuerpos energéticos, tu concentración debe encontrarse en el nivel energético, no en el físico. Intenta no prestar atención al aspecto físico. Permanece en lo sutil. Devuelve las manos a su punto de origen.

¿Qué no hacer?

- No toques a seres vivos sin su permiso.
- No dejes las manos dentro de tu cuerpo durante demasiado tiempo.
- No olvides devolver las manos energéticas a las físicas.

¿Cómo y cuándo sabré que está funcionando?
Cuando sientas con las manos físicas lo que hagan las energéticas, será una buena señal de que está funcionando. Notar un cosquilleo u hormigueo en las palmas de las manos físicas tras un tiempo también es un indicativo de que tus manos energéticas han salido de las físicas.

Quizás el ejercicio parezca paranormal, pero en realidad es muy natural. Cuando mueves el cuerpo, desplazas todos los cuerpos energéticos y el físico a la vez (igual que cuando tensas el cuerpo físico, tensas los energéticos). Para mover sólo el cuerpo energético, basta con permitir que el físico descanse. En tu mente, en tus sensaciones, todo ocurre igual que en el proceso de mover el cuerpo físico.

¿Por qué lo hago?

Para fortalecer el cuerpo etérico y aprender sobre la estructura de los cuerpos desde la práctica y no sólo desde la teoría. Para explorar el potencial energético y la conductividad de las manos y desarrollar lo básico para ejercicios más complicados y divertidos con las manos etéricas.

Resumen

Aprendemos a trabajar con las manos energéticas como parte de la expansión de nuestra conciencia y del descubrimiento de nuestras habilidades.

Cuerpo emocional

El espíritu es capaz de experimentar emociones. Lo hace posible la materia sutil (como conductor) a la que llamamos cuerpo emocional. Las emociones son un punto en común entre nosotros y los animales. Desde este punto de vista, las emociones son una parte animal de nuestra naturaleza y debemos aprender a usarlas de manera adecuada o a dominarlas.

Las emociones no son caóticas, superficiales ni animales por sí mismas. Se podría decir que nos las enseñan los animales, pero existen en más dimensiones aparte de las que vemos con los ojos. Así, las emociones nos aportan energía de ámbitos y dimensiones más elevados. En cierto modo, en la materia pesada en la que vivimos, sólo conseguimos funcionar gracias a ellas. No podrías salir de la cama si no tuvieras una razón para hacerlo. Detrás de esa razón, se encuentra la emoción. Sin emociones no hay energía. Por supuesto, las emociones no son la única fuente de energía, pero sí una de las más fuertes.

Las emociones se pueden utilizar como combustible, pero antes de usar una emoción de este modo se debe practicar durante mucho tiempo, empezando por conocer nuestro mundo emocional mejor. Para eso, tenemos que separar la emoción de nuestra reacción «natural». Nosotros, en la etapa actual, permanecemos en un nivel en el que reducimos las emociones negativas y maximizamos las positivas.

Todas las emociones tienen su chakra (centro energético) y órgano con el que se relacionan. Cuando estamos experimentando la emoción, la energía está pasando (fluyendo) a través del chakra y el órgano relevantes. Una emoción desequilibrada lleva a problemas en el centro energético con el que se corresponde: el chakra, el órgano o ambos.

Las emociones son caminos y canales con los que experimentar la creación, el mundo a nuestro alrededor. Son como pensamientos, pero con una vibración inferior. Somos capaces de pensar gracias a procesos activos o reactivos. El pensamiento es una manera de experimentar la creación, normalmente a través del entendimiento. Si sostienes entre las manos un libro, la idea de libro resuena en tu mente como el «pensamiento» del libro y en tu cuerpo emocional como la sensación del libro (recibimos comentarios emocionales sobre los pensamientos). Nuestra percepción de la realidad a nivel mental proviene de una forma de energía a la que llamamos «pensamiento» y, en el plano emocional, de las emociones o sensaciones.

Las emociones y los pensamientos son importantes para que podamos operar en la realidad física. Cuando las emociones y los pensamientos están equilibrados, podemos desarrollar la intuición. Ésta es importante para los ámbitos más elevados y también muy útil para el mundo físico. Aquí podemos funcionar sin intuición, pero no sin mente ni emociones.

Las emociones son pasivas, pueden provocarse y controlarse. Son dinámicas, están en movimiento, son portales energéticos. Pueden suprimirse o potenciarse, alcanzar puntos álgidos y bajadas. Las emociones son maestras, pero sólo después de descubrir y equilibrar la emoción podemos considerar que hemos aprendido la lección.

Las emociones no son ni buenas ni malas, pero el desequilibrio producido por un mal uso de ellas es perjudicial. Las emociones sólo son una herramienta. Si te golpeas el dedo con un martillo, éste no es responsable ni cruel. La culpa es tuya. Lo mismo ocurre con las emociones. No las culpes, obsérvalas sin juzgar y aprende.

***

Todos los tipos de energía que experimentamos o creamos resuenan a cierta frecuencia. Podemos decir que la frecuencia es lo que le aporta características a la materia. No hay ni buenas ni malas frecuencias, igual que no hay ni buenas ni malas emociones. Las frecuencias altas no significan algo bueno ni las bajas algo malo. Algunas emociones tienen vibraciones bajas, pero eso no quiere decir que sean malas. Todas las emociones tienen un motivo, aunque a veces apenas podemos verlo porque nos sentimos abrumados y reaccionamos. No obstante, cuando miramos atrás o equilibramos la emoción, comprendemos la lógica y la lección que la acompañan.

Si observamos con atención, comprobaremos que no existe el tiempo en la noción que imaginamos, sólo hay ritmo (los físicos no estarán de acuerdo conmigo). Si percibimos el espacio (no el exterior, sino el de una estancia) como una dimensión, vemos que podemos viajar hacia cualquier lugar en tres dimensiones. Para nosotros, el espacio no es una dimensión limitada. Sin embargo, dado que no podemos movernos en la dimensión del tiempo hacia cualquier dirección que queramos, parece que el tiempo sí lo es. Partiendo de este punto, tenemos la percepción de que el tiempo fluye (momentos del pasado y momentos que están por venir), de que fluye en una dirección y no podemos dar marcha atrás (al menos, no físicamente). Si de manera hipotética lográramos contemplar el tiempo desde el exterior como podemos hacer con el espacio, la percepción de tiempo como la conocemos se volvería irrelevante. En otras palabras, el tiempo es relevante cuando tienes que estar en el trabajo a las nueve de la mañana, pero irrelevante para tu existencia espiritual.

En cuanto al ritmo, tenemos dualidades (polaridades): caliente y frío, día y noche o alegría y tristeza. El ritmo nos muestra la frecuencia en la que dos polaridades intercambian roles y surten efecto. Por lo general, las polaridades tienen vibraciones opuestas. Si la alegría presenta vibraciones altas, la tristeza, bajas. Las vibraciones se mueven de abajo arriba antes de volver a bajar y subir de nuevo, una y otra vez.

No podemos alcanzar vibraciones altas sin estar en las inferiores primero. Nuestras vibraciones inferiores son el punto de partida. Ahí es donde «hacemos» espacio para futuras creaciones. De este modo, cuando estudiamos, los conocimientos deben pasar de la memoria a corto plazo a la de largo plazo para crear un vacío en la primera. Cuando nos sentimos abrumados con la información, descansamos. La acción es una vibración alta y el descanso una baja. Comenzamos con una mente en blanco (vibración baja), llevamos a cabo la acción de estudiar (vibración alta) y nos tomamos un momento de descanso (para conseguir el vacío de la vibración baja de nuevo). Ninguno de estos estados es bueno o malo, sino que el movimiento cíclico es lo correcto y saludable.

Intentaré ilustrarlo con un ejemplo emocional: la alegría y la tristeza. Sentimos alegría de una acción conectada a la creatividad, que resuena con nuestros deseos. El flujo de alegría está en marcha, siempre y cuando estemos en el proceso de desarrollar nuestro potencial creativo, hasta que llegamos al destino que hemos elegido. Una vez que se ha desarrollado el potencial creativo, el flujo de alegría se detiene, nos sentimos plenos y no podemos seguir creando (sin energía no hay creación). Cuando todo el proceso de creación se acaba y nos sentimos plenos o satisfechos, debemos dejar que la tristeza complete el ciclo y reemplace a la alegría. Después de que la tristeza se haya acabado, estaremos preparados para un nuevo impulso creativo (a veces, la tristeza no aparece, pero sí debe haber un vacío). Cuando terminamos un período de nuestra vida o pasamos de uno (en el trabajo o en casa) a otro, sentimos tristeza por la misma razón. Ése es el secreto de la creación o, si eres un artista, tu musa. Busca la tristeza o el vacío después de cada punto álgido.

En verano hace calor, es la época de las altas vibraciones, la temporada alta para la agricultura. Gastamos mucha energía y experimentamos emociones «positivas». ¿Qué llega tras el verano? ¿Qué emociones lo acompañan? Creo que ya sabes la respuesta.

De este modo, las emociones tienen polaridades, desencadenantes y ritmo (la frecuencia de cambio entre polaridades). Es importante mencionar que la mayoría de las personas no alcanzan el punto más alto del potencial de energía. Una cosa es evidente: la retroalimentación obtenida de emociones altas acabará con la misma profundidad de la emoción baja. Es la ley del péndulo.

Hay otra cosa que debemos saber sobre las emociones. Cuando somos niños o nos encontramos en un estado de conexión con nosotros mismos (hablaré después de cómo alcanzar dicho estado), pasamos con facilidad de las emociones bajas a las altas. Sin embargo, ahora, tenemos que esforzarnos un poco más para subir desde las vibraciones bajas y la mayoría del tiempo no lo conseguimos. Por eso, en condiciones «normales» de vida, nos resulta fácil sentir emociones bajas, pero nos supone un gran esfuerzo alcanzar las altas, si lo logramos.

Las emociones son canales de energía que nos ayudan a funcionar en la materia pesada a la que llamamos mundo físico. El equilibrio adecuado entre emociones ayuda a que nos desarrollemos de una manera sana, es decir, en todos los aspectos de nuestra vida. El desarrollo se consigue a través de la experiencia, las acciones, probar y fallar. Primero, algo se desarrolla, lo liberamos, percibimos el vacío y desarrollamos lo siguiente. No obstante, siempre y cuando estemos desarrollando los aspectos correctos, podemos contar con las emociones altas para que vengan a rescatarnos y nos vuelvan a elevar. Lo correcto es aquello que resuena con nuestros deseos, con alegría.

Dado que muchas personas no viven equilibradas, tienen un déficit energético. Para compensarlo, «roban» energía a otras. Hay algunos métodos para hacerlo y cada uno tiene su estrategia. Las personas se pueden dividir en dos categorías: los depredadores y las presas energéticas (la mayoría de las personas altamente sensibles entran dentro de la segunda categoría).

La atención es energía. «Alimentamos» cualquier cosa al prestarle atención. Las personas que necesitan nuestra atención constantemente (a veces, haciéndonos sentir culpables para que se la demos) «consumen» nuestra energía. Reflexiona: ¿quién es la persona que siempre te atrapa y te involucra en una larga conversación de la que no puedes escapar?

Atención sexual. ¿Conoces a personas que tontean y flirtean, pero nunca dan el siguiente paso? Atraen tu atención a través de métodos cargados de energía sexual. Ésta es la más esencial para la creación y la vida estable. Dichas personas tienden a rodearse de «posibles» parejas sexuales (amistades que se sienten atraídas por ellas) sin permitirles abandonar nunca la zona de amigos, manteniendo vivo el interés y disfrutando de la atención y la atracción sexual. Les gusta sentirse deseadas y mantienen la relación (aunque no demasiado profunda) con aquellas que desean tenerla cerca para poder alimentarse de su energía.

La lástima (en oposición a la compasión) es una herramienta muy buena para que los «débiles» te absorban la energía. Hace que estés supeditado a la lástima. Si sentimos lástima por una persona que está enferma, la energía de esa enfermedad se transfiere hasta nosotros. Si la sentimos por alguien a quien han decepcionado, la energía y a veces los sentimientos se transmiten hasta nosotros. ¿Cuántas veces has estado ahí para alguien que te ha provocado lástima, ya sea a través de una situación, dolor o una emoción fuerte, que te ha «endosado» su energía indeseable? Piensa en cómo las personas que te hacen sentir lástima notan alivio tras una conversación contigo. Quizás creas que eres una persona mágica que cura a todos con su atención, que se te da bien escuchar e involucrarte emocionalmente.

La rabia es una emoción poderosa que tiende a aumentar. Las personas que usan esta estrategia para robar energía buscan provocar a otras para que se produzca una pelea verbal o las empujan a una situación en la que expresan o experimentan enfado.

Otras maneras de malgastar energía es prestar atención a personas que no podemos perdonar (incluidos nosotros mismos), personas cuya aprobación buscamos (o cuyo juicio tememos) y situaciones o personas que tratamos de controlar (niños o subordinados en el trabajo, entre otros).

Además de la naturaleza de las emociones mencionada anteriormente, hay «fallos», por lo general conocidos como traumas emocionales, que ocurren cuando la emoción entra en un bucle, provocado por experiencias negativas anteriores. Cuando la consciencia presencia una situación, le pone una etiqueta. Ocurre de la siguiente manera: vemos algo y lo interpretamos. Mientras tanto, la emoción apropiada a la *interpretación* surge y se aloja en la memoria. Desde ese momento, la combinación energética influye nuestras vidas hasta que desconectamos dicha combinación y dejamos ir a la energía.

Este aspecto es muy conocido, así que no tengo nada nuevo que añadir. Sin embargo, más adelante describiremos los métodos con los que unir las energías y abandonar los traumas. Pero, por favor, sé paciente y no saltes a esa sección enseguida. El libro está construido de manera que todos los ejercicios te preparan para ser capaz de realizar el siguiente. Aún no tienes las herramientas.

Como se dice en astrología, las estrellas influyen en nosotros. Dicha influencia funciona sólo en el plano emocional. Las estrellas pueden ofrecer su energía a una emoción o conjunto de emociones concreto, entendiendo las emociones como energías cósmicas. Recuerda lo que dijimos sobre que las emociones eran portales energéticos. Hay días en los que es muy fácil hacer enfadar a una persona y otros en los que se siente indiferente ante el mundo que la rodea.

Estas energías de emociones deben controlarse como parte del proceso para alcanzar el equilibrio. Una persona equilibrada que gestiona sus emociones puede superar a las estrellas, en el sentido de que éstas no pueden influir en cómo vive o reacciona. Los animales actúan de manera mecánica de esta manera y muchos de nosotros hacemos lo mismo. Sin embargo, cuando no reaccionamos así, cuando controlamos los portales de energía a los que llamamos emociones, dejamos atrás el ámbito animal de las emociones y la influencia de las estrellas.

En el mundo físico, sentimos y actuamos como si fuéramos entes separados entre sí. En realidad, aunque no veamos cómo, estamos todos interconectados. Puede decirse que nuestro entorno es un espejo, un reflejo de nuestro mundo interior. Todo lo que tenemos dentro, en cualquier nivel, también lo tenemos en el exterior (como el subconsciente compartido, sí, todos tenemos un subconsciente que compartimos, como un campo que nos conecta).

La ley de correspondencia o «lo que está arriba está abajo, lo que está dentro está fuera» significa que cada vez que sentimos o experimentamos una emoción por otra persona, cosa o idea fuera de nosotros, hay algo dentro que se corresponde con lo anterior. En el lenguaje humano normal, ésta es una manera de decir que, cuando odias algo y lo expresas, tiene un impacto en ti también. Por ejemplo, si odias a un compañero de clase, la energía del odio impacta en dicho compañero, pero también en ti. Los mismos «deseos» que enviamos a otras personas se dirigen de forma automática a nosotros también. Cuando las personas dicen que, si haces daño a alguien, te dañas a ti mismo, no sólo se refieren al karma (o a un castigo de Dios), sino que literalmente te estás haciendo daño. La buena noticia es que, siguiendo el mismo principio, expresar emociones positivas también nos vuelve. Por eso, cuanto más expresemos o experimentemos amor, felicidad, alegría o gratitud, mayor bien nos hacemos.

 ## EJERCICIO PRINCIPAL

Haz de luz

Tiempo y duración
Todos los días, de diez a veinte minutos.

¿Qué hacer?
Colócate bajo un haz de luz y disfruta.

¿Cómo hacerlo?

Permanece de pie de forma cómoda, con las piernas separadas a la altura de los hombros, como te encuentres más a gusto. Si has estado practicando la postura erguida, puedes colocar la espalda en línea recta, como has aprendido. La postura debe ser cómoda para que te puedas relajar completamente. Después de adoptar dicha postura, relajarte y respirar con calma, con los ojos cerrados, visualiza un haz de luz procedente del centro del universo hasta el centro de la Tierra. Su anchura es la misma que la de tus manos cuando las colocas a ambos costados. Esta luz está pasando a través de ti y tu cuerpo se encuentra en el centro.

Este haz canaliza la energía del universo hacia la Tierra y la de la Tierra de vuelta al universo. La energía que procede del centro del universo es dorada y la que vuelve, plateada. Cuando el haz esté bien consolidado, levanta las manos y abrázalo, atráelo un poco más hacia ti. Deja las manos en el aire, al nivel del pecho, con las palmas hacia éste (como cuando abrazas a alguien). Forma un círculo con ellas, pero no las unas.

Mientras permaneces en el centro del círculo, siente las energías que fluyen a tu alrededor y a través de ti. Esas energías te están protegiendo, limpiando tus cuerpos y sanando todas las heridas y enfermedades. Nota cómo se llevan todo lo perjudicial e innecesario y traen en su lugar vitalidad, salud y calma. Mantén la concentración en el haz. Obsérvalo, siéntelo, vívelo. Es un haz natural de energía para el que te has convertido en canal.

Después de unos minutos de pie, abrazando el haz de luz, siente gratitud hacia dicho haz. Dale las gracias. Continúa notando esa buena sensación. Ahora, con lentitud, baja las manos hasta el *dan tian* inferior (dos o tres dedos bajo el ombligo). Pon las palmas en el *dan tian* con los centros de las manos exactamente sobre él, las mujeres con la mano izquierda encima y los hombres la derecha. Permite que tu cuerpo absorba las vibraciones y sentimientos buenos y que éstos resuenen con las energías del haz. Al final, no olvides apagar el haz.

¿Qué no hacer?

No lo uses para proteger a nadie que no te haya dado su permiso. La excepción son los niños cuando son muy jóvenes, a una edad en la que aún tomas decisiones por ellos.

¿Cómo y cuándo sabré que está funcionando?

Si notas una buena sensación de calma y protección que te cubre todo el cuerpo, está funcionando.

¿Por qué lo hago?

Éste es un haz natural de energía. Eres un imán y un canal energético. Deja que las energías que se intercambian entre la Tierra y el universo recorran tus cuerpos. Cuando este flujo de energías sea fuerte y estable, se convertirá en la mejor protección para todos tus cuerpos, sentimientos y emociones (y tu mente, por supuesto). Mientras meditas bajo el haz y lo visualizas, lo haces más intenso y activo. Cuando el haz está en su sitio y es lo bastante fuerte, no tienes nada que temer desde el punto de vista energético. Nada ni nadie puede dañarte.

Resumen

Aprende a permanecer de pie con una postura cómoda, localiza el *dan tian,* ve el haz de luz y permite que te ayude a ser feliz.

EJERCICIOS COMPLEMENTARIOS

Apagar el campo de los sentidos

Tiempo y duración

La primera vez tardarás hasta veinte minutos. Después, con la práctica, lo conseguirás en una milésima de segundo.

¿Qué hacer?

Entra en trance y apaga el campo de los sentidos.

¿Cómo hacerlo?

Es más un experimento que un ejercicio, así que no necesitas repetirlo. Lo único que se podría considerar un ejercicio es entrar en trance. El nivel de éxito depende de lo profundo que sea dicho estado y lo fuerte que sea tu voluntad.

Tu postura sedente en meditación es importante. Los yoguis avanzados (o las personas flexibles) pueden sentarse en la postura del loto *(padmasana),* pero las de medio loto *(ardha padmasana)* o postura perfecta *(siddhasana* o postura del sabio) también están bien. Sólo necesitas poder relajarte completamente y mantener la parte baja de la espalda recta. Si esto te resulta difícil, siéntete libre de colocar algo cómodo bajo los glúteos (como un cojín firme o una manta doblada). El objeto puede tener la altura que necesites para mantener la espalda recta sin esfuerzo.

Siéntate en una posición cómoda. Respira hondo, retén el aire durante unos segundos y espira con lentitud. Repite estos pasos tres veces. Crea el haz de luz del ejercicio anterior para conseguir su protección. Comienza a moverte en círculos, desde las lumbares, como si los dibujaras en el techo con la cabeza. Comienza el «dibujo» moviéndote hacia la izquierda. En yoga, se espira cada vez que entramos y se espira cada vez que salimos. El movimiento es de entrada, por lo que, antes de empezarlo, inspira. Entonces, comienza a moverte y espira de tal manera que, cuando alcances el centro del círculo, termines la espiración. Desde el centro, dibuja el círculo hacia la derecha e inspira. Cuando vuelvas a tu punto de partida, deberías haber acabado la inspiración. Muévete con lentitud y trata de sincronizar el movimiento y la respiración.

Dibuja siete círculos en una dirección y siete en otra. Deberías sentir calma, como si estuvieras sumergiendo tu mente en un estado meditativo y soñoliento. En el último círculo, detente cuando alcances el centro, inspira y espira con lentitud. Luego, vuelve a la posición original en línea recta (de manera que dibujes medio círculo). Mientras tanto, nota cómo te sumes en un estado meditativo aún más profundo. Si sientes la realidad exterior muy lejos, has alcanzado dicho estado.

Ahora imagínate en una habitación pequeña. Tienes que hacerlo como si fuera la realidad, no como si te vieras desde fuera, es decir, mirando desde tu cabeza y viendo el mundo a través de tus ojos. En la pared frente a ti, hay un interruptor de luz, con un botón rojo, y la luz está encendida, también de color rojo. Cuando la apagues, tu campo de sensibilidad se empequeñecerá en el área de tu pecho y no notarás nada del exterior. Ahora, vuelve a encenderla y, al ver la luz roja de nuevo, notarás cómo el campo de sensibilidad adopta su lugar original tras surgir del pecho y extenderse de nuevo alrededor de tus cuerpos.

Gírate hacia la pared izquierda y verás un botón de volumen al máximo. Bájalo un poco y siente cómo el campo se va empequeñeciendo. Colócalo lo más bajo posible y notarás cómo el campo disminuye totalmente en tu pecho. Vuelve a colocarlo en su posición original.

Dirige tu atención al cuerpo. Observa su respiración natural. Siente la ropa sobre tu piel, tu entorno, cómo tu presencia (conciencia) está volviendo al mundo físico, cómo asciende, de vuelta a la realidad. Si notas dificultades para volver, no te asustes; piensa en algo lógico, como un cálculo matemático, quizás una simple suma o resta, o en un puzle. Tu cerebro, al moverse hacia las ondas beta, te sacará del trance enseguida. Apaga el haz de luz.

¿Qué no hacer?

- No te olvides de apagar el campo de protección.
- No permanezcas en trance al terminar, vuelve a la realidad.

¿Cómo y cuándo sabré que está funcionando?
Lo sabrás.

¿Por qué lo hago?
Para entender la naturaleza de las cosas, practicar diferentes formas de acceder al estado de trance y al campo de sensibilidad, que son los campos de tus cuerpos energéticos, como imagino que habrás supuesto. Depende de ti, pero debes saber cuándo apagar el campo y lo que te está protegiendo. Si no, al principio, no podrás separar el elemento real de retroalimentación informativa al que llamamos sensibilidad del resto de los campos energéticos. Cuando lo consigas, podrás apagar o equilibrar sólo la sensibilidad.

Resumen
Practica el acceso y el uso del estado de trance para lograr entender la naturaleza de las cosas.

APAGAR TODAS LAS COSAS INNECESARIAS A LAS QUE PRESTAS ATENCIÓN

Tiempo y duración
Este ejercicio sólo se lleva a cabo una vez, pero puedes repetirlo siempre que lo consideres necesario. La duración es de unos veinte minutos.

¿Qué hacer?
Siéntate, entra en trance y ve a la habitación del ejercicio anterior. Apaga la atención de todas las cosas que no te sirvan.

¿Cómo hacerlo?
Entra en trance usando el mismo método que en el ejercicio anterior (sentándote y girando en círculos). Usa la misma protección (de nuevo, la apagarás al final). Ve a la misma habitación. Como en el ejercicio anterior, el nivel de éxito, su eficacia, depende de la calidad del estado de trance y de la fuerza de voluntad.

La diferencia es que, cuando estés en la habitación, te girarás a la pared izquierda y verás un interruptor con una luz verde. Ahora, ten en cuenta que, en cuanto la apagues, todo lo que hay a tu alrededor, dentro y fuera, lo que capta tu atención y no sirve dejará de atraer dicha atención. Dejarás de percibir todo lo que no sirva para tu camino en la vida.

Cuando mi maestro me ayudó con este ejercicio y me dijo: «Ahora no notarás nada de lo que no te sirva en tu camino», el 90 % de lo que sentía con mi sensibilidad desapareció, como si nunca hubiera estado ahí, como un dolor que se desvanece al tomar una pastilla.

Este ejercicio, igual que el anterior, se asemeja más a un experimento. Tú decides si quieres apagar las cosas de manera permanente o no. Sólo un recordatorio: cuando salgas del trance, apaga el haz de luz.

¿Qué no hacer?

No permanezcas en trance.

¿Cómo y cuándo sabré que está funcionando?

Muchas cosas que has estado percibiendo desaparecerán de tu radar.

¿Por qué lo hago?

Desde el momento en el que descubrimos que sentimos mucho, desarrollamos curiosidad hacia todo lo que nos rodea. Cuando somos niños, nos interesamos por cualquier cosa. Sin embargo, en cierto punto, nuestra curiosidad se sacia. Ya hemos aprendido todo lo que deseábamos desde el punto de vista de los sentidos. Sin embargo, como personas sensibles, tendemos a «explorar» por completo nuestro entorno a través de la sensibilidad. Todo su alcance está abierto. Sentimos todo como si acabáramos de aterrizar en la realidad o descubrir nuestra sensibilidad por primera vez.

De este modo, ha llegado el momento de poner fin a sentir cosas innecesarias y ajenas. Aún sentiremos eso a lo que queramos destinar nuestra atención, pero dejaremos de sentir aquello a lo que no deseábamos prestársela.

Resumen

Siéntate, entra en trance, aleja las cosas innecesarias de tu radar y vuelve.

Nota: Ahora ya sabes que tienes el control de tu sensibilidad y tus sentidos. Otro pequeño detalle importante es que, cuando miras algo, recibes en tu sistema energético lo que llamamos «retroalimentación», que proporciona información sobre el objeto que estás contemplando. Esto se debe a que, sólo con una mirada ordinaria, un vistazo, dirigimos un «tentáculo» energético al objeto de nuestra curiosidad.

Tómate tu tiempo y practica cómo observar sin enviar «tentáculos» o esperar retroalimentación. Cuando mires algo, di mentalmente: «Sólo lo estoy mirando y viendo, sin sentirlo. Sólo estoy mirando…».

───⟋───

EQUILIBRAR ENERGÍAS FEMENINAS Y MASCULINAS

NADI SHODHANA PRANAYAMA
(Respiración alterna o respiración de las fosas nasales alternadas)

Tiempo y duración
Es recomendable hacerlo dos veces al día, por la mañana y por la noche. La duración es de cinco a diez minutos cada vez.

¿Qué hacer?
Siéntate en una postura cómoda, con la espalda recta. Utiliza los dedos para cerrar una de las fosas nasales mientras respiras por la otra. Luego, cambia de fosa nasal.

¿Cómo hacerlo?
Siéntate en una postura cómoda con la espalda recta. Coloca la mano izquierda en la pierna o el regazo, con la palma hacia el cielo (como alternativa, usa el *chinmaya* o *gyan mudra*, juntando el índice y el pulgar). Con la mano derecha, forma el *Jesus mudra* (junta el dedo índice y el corazón y mantenlos rectos mientras unes el anular y el meñique, pero doblados). Coloca el dedo corazón entre las cejas. Presiona la fosa nasal derecha con el pulgar y los dos dedos doblados en la izquierda.

Allá vamos: comenzamos por la fosa nasal izquierda (es decir, la derecha permanece cerrada por el pulgar), así que inspira por ella. Ciérrala, abre la derecha y espira. Inspira a través de ésta, ciérrala y espira a través de la izquierda. Ésta es la primera ronda.

Siempre empezamos y terminamos respirando por la fosa nasal izquierda. Y no inspiramos y espiramos por la misma fosa nasal a la vez. Aquélla por la que inspiramos no la usamos para espirar. Ya lo tienes. Mantén la atención en la respiración.

La inspiración y la espiración deberían tener la misma duración. Puedes medirlas en segundos o en latidos del corazón (esta última medida es mejor porque representa nuestro ritmo natural interno «que fluye» mientras que el del reloj es un ritmo aleatorio y «constante»). Puedes empezar con tres rondas y seguir ascendiendo hasta siete o nueve.

¿Qué no hacer?

- No respires de manera arrítmica. La inspiración debería ser igual que la espiración.
- No termines con la fosa nasal derecha.
- No te detengas hasta que hayas alcanzado el final natural del ejercicio.

¿Cómo y cuándo sabré que está funcionando?

Es una acción sutil. No muchas personas sienten los cambios cuando ocurren. Sin embargo, con el tiempo, notarás mayor calma y equilibrio.

¿Por qué lo hago?

Para equilibrar las energías polares en los cuerpos energéticos. Respirar es la forma de vivir (inspiración) y morir (espiración) y tiene que ser un proceso equilibrado. Además, hay canales energéticos a cada lado del cuerpo. Dichos canales terminan en las fosas nasales y cada una es responsable de uno de ellos. Respirar de esta manera ayuda a abrir y equilibrar cada canal y alcanzar el equilibrio entre ellos.

Resumen

Equilibrar las energías femeninas y masculinas a través de una respiración rítmica, usando una fosa nasal cada vez.

~~~~~~

EQUILIBRAR ENERGÍAS
FEMENINAS Y MASCULINAS
ANJALI MUDRA

Tiempo y duración

De siete a diez minutos, dos veces al día, por la mañana y por la noche.

¿Qué hacer?

Sentarse con la espalda recta, juntar ambas manos, con los pulgares cerrados hacia las palmas, como en el saludo namasté.

¿Cómo hacerlo?

Siéntate en una postura cómoda con la espalda recta. Junta las palmas de las manos en el gesto de gratitud indio *(anjali mudra)*. Coloca dicho mudra a la altura del corazón y tócate el pecho con los pulgares. Puedes bajar suavemente la cabeza.

Es un ejercicio muy sencillo, como puedes ver. Mantén la atención en el mudra.

¿Qué no hacer?

- No te distraigas con la televisión, la música o cualquier cosa que desvíe tu atención del ejercicio.
- No permitas que el flujo de tu mente tome el control.

¿Cómo y cuándo sabré que está funcionando?

Como en el ejercicio anterior, éste funciona a un nivel sutil y muchas personas no sienten sus efectos enseguida. Sin embargo, con el tiempo, tus energías polares internas se equilibrarán.

¿Por qué lo hago?
Para equilibrar las energías polares de los cuerpos energéticos y el lado derecho e izquierdo de los cuerpos.

Resumen
Equilibrar las energías femenina y masculina a través de un mudra, con las palmas juntas a la altura del corazón.

———~———

EQUILIBRAR ENERGÍAS FEMENINAS Y MASCULINAS CRUZ DE BRAZOS IGUALES

Tiempo y duración
De diez a quince minutos por la mañana.

¿Qué hacer?
Relájate y visualiza una cruz de brazos iguales.

¿Cómo hacerlo?
Adopta una posición sedente cómoda, utiliza la protección del haz de luz y relájate poco a poco por completo. Siente cómo todas las partes de tu cuerpo se relajan y pesan. Cuanto más lo hagas, menos sentirás el cuerpo físico. Cuando alcances el estado de mayor calma, nota cómo tu consciencia se desliza, como si te fueras a quedar dormido.

Después de alcanzar el estado de trance de tu mente, imagina una cruz de brazos iguales. El horizontal representa las energías femeninas y el vertical, las masculinas. Observa lo perfecta que es la cruz, cómo los brazos tienen el mismo tamaño y se unen justo en el centro. Esto simboliza el equilibrio perfecto entre las energías femeninas y masculinas.

Cuando estés preparado, permite que el equilibrio interno y la integridad de la cruz se proyecten y deja que influya en tus energías masculinas y femeninas, equilibrándolas a la perfección como en la cruz. Siente cómo tus energías internas alcanzan el equilibrio.

Cuanto más profundo sea tu estado meditativo o de trance, mejores serán los resultados, además de más duraderos. Sal del trance con lentitud, desviando la atención del interior al exterior, desde la experiencia interna a los objetos físicos de la habitación. Presta atención a la respiración y a tu entorno. Siente cómo vuelve tu conciencia al lugar original. Elimina las protecciones.

¿Qué no hacer?
Sólo haz lo que se indica en el ejercicio. Tu relación con la cruz debe ser exactamente igual a lo descrito.

¿Cómo y cuándo sabré si está funcionando?
Por lo general, este ejercicio tiene un efecto casi instantáneo. Sin embargo, depende de la profundidad de tu estado de trance y lo fuerte que sea tu voluntad. Otra cosa que debes tener en cuenta es tu actual desequilibrio entre las energías femeninas y masculinas. Si el desequilibrio es muy grave, quizás no sientas sus efectos de inmediato. Una de las sensaciones que indican que su efecto tiene lugar en tus cuerpos es que tu energía sexual se calma.

Parte de la lógica tras la cruz es que puede simbolizar todos los aspectos masculinos y femeninos: emociones y pensamientos, magnetismo y corriente, hombre y mujer, tierra y cielo, etc. Si tiene la forma perfecta, hay equilibrio.

¿Por qué lo hago?
Para equilibrar tus energías polares internas.

Resumen
Equilibrar las energías masculinas y femeninas al visualizar una cruz de brazos iguales y permitir que influya y equilibre tus energías.

Cuerpo mental

En la sociedad occidental, creemos que si entendemos algo, hemos alcanzado el estado deseado, la transformación. En su mayoría, los datos que nos encontramos, con independencia de lo didácticos o informativos que sean, funcionan a nivel mental. En su raíz se halla la idea de que «el entendimiento crea la transformación». En el mejor de los casos, entender elimina los obstáculos y las antiguas creencias (cambia algunos patrones energéticos a nivel mental), pero para la transformación se debe llevar a cabo una acción, ya que ésta produce dicho cambio y conduce al equilibrio. De este modo, la próxima vez que veas un buen libro didáctico e informativo, recuerda que permitirá, como mucho, su comprensión, pero ninguna transformación ni cambio si no llevas a cabo alguna acción.

Los pensamientos son la cara opuesta de las emociones y viceversa. Siempre van juntos, con independencia de si puedes o no experimentar cada pensamiento como emoción. En realidad, las personas más sensibles sí que pueden hacerlo. Piensa en una manzana: tienes la idea de dicha fruta, tu experiencia previa, pero, si la dejas a un lado, sientes el ideal de «una manzana» en forma de emoción. Esto se debe a que tenemos ideas de las cosas y una copia astral de éstas. Todas las cosas existen a muchos niveles.

Podemos considerar las emociones y los pensamientos como las dos partes de una noción. Pueden pensarse como lo mismo, pero con vibraciones diferentes. La mente tiene vibraciones altas y las emociones, bajas. Como los polos de un imán, los pensamientos son la energía positiva, activa y masculina de una idea mientras que

82

las emociones son negativas, pasivas y femeninas. La energía positiva es la que da forma y diseña la negativa y pasiva. Queremos que nuestros pensamientos y una razón sana den forma al mundo. Si no, sólo usaríamos el cerebro para justificar decisiones emocionales. Los pensamientos son energías reales y activas que actúan según la designación que les ofrecemos. Los pensamientos diseñan nuestro mundo y nuestra vida, por lo que hay que usarlos con cuidado.

Por ejemplo, la tierra es una energía negativa, pero tu trabajo en ella es positivo. Le estás dando forma a la tierra. La materia es una energía negativa (pasiva) y la vibración es positiva (activa). De este modo, las emociones son negativas (pasivas) y la energía y los pensamientos, positivos (activos). ¿Recuerdas que dijimos que la consciencia interpreta los acontecimientos al etiquetarlos en el registro del subconsciente? Es una acción activa y positiva, mientras que la emoción sujeta a ella es una energía negativa y pasiva. La fuente de todo equilibrio se encuentra en nivelar lo positivo y lo negativo (o, al menos, en que no sufran un desequilibrio exagerado). Como con los ojos, las manos y los hemisferios del cerebro, demasiadas emociones o demasiada mente suponen también un desequilibrio.

Por supuesto, podemos considerar nociones separadas a las emociones y los pensamientos y, en algunos aspectos, es cierto y destacan por sí solos. Sin embargo, queremos que actúen juntos y estén relacionados, como la conciencia y el subconsciente. Intentamos equilibrarnos nosotros mismos, es decir, nuestra personalidad (o carácter), lo que significa nuestros cuatro cuerpos (o tres en algunas tradiciones): el físico, el emocional, el mental y el etérico. Más allá de la personalidad, debemos considerar las emociones y los pensamientos por separado.

Lo contrario ocurre con la consciencia y el subconsciente. Están separados a nivel de la personalidad, pero deben fundirse en niveles más elevados del desarrollo espiritual. El subconsciente es nuestra programación previa mientras que la consciencia es el estado actual de la mente. Si no sentimos el presente y tomamos decisiones en él, el subconsciente lo hace por nosotros, como conducir un coche automático. Fundirse significa que deben trabajar juntos como una herramienta perfectamente equilibrada. En resumen, para que lo entendamos a este nivel, contemplamos los pensamientos y las emociones como una escala con diferentes vibraciones. Éste es el nivel de verdad que queremos por el momento.

Los pensamientos ocupan incluso más dimensiones que las emociones (estás donde estén tus pensamientos). Como hemos visto, algunas dimensiones son relevantes sólo para el cuerpo físico, pero las más altas lo son para las emociones, pensamientos que influyen en el cuerpo físico desde las vibraciones más elevadas a las más bajas. Esto quizás resulte raro para algunas personas. Tal vez pienses: «Es sorprendente que pueda viajar en el tiempo en mi mente sin que eso signifique que yo mismo pueda viajar en el tiempo». Con la hipnosis y los estados profundos de meditación, visitamos otras dimensiones, incluso el pasado, si lo deseamos. Todas las acciones que llevemos a cabo allí tendrán un efecto directo (y cambiarán) nuestro estado actual.

Los pensamientos son reales y *activos* si están conectados a la voluntad o se expresan a través de ella. Son fuertes cuando se manifiestan con emociones. Si pensamos o deseamos algo a alguien mientras estamos enfadados, de manera activa le hacemos daño. Como personas sensibles, podemos notarlo con facilidad porque, para nosotros, la vida es más que la apariencia física. Si los pensamientos están cargados de vibraciones altas, lo que también significa un ritmo alto, viajan y se manifiestan mucho más rápido. Por ejemplo, piensa en un sanador: cuanto más altas sean sus vibraciones, antes tendrá lugar el efecto de la sanación. Existen diferentes niveles de curación. Algunos usan energía etérica y otros, mental.

Los pensamientos son reales y tienen lugar en ámbitos más elevados, donde se manifiestan a mayor velocidad, de hecho, al instante (su efecto se retrasa en el plano físico). Con independencia de cómo se manifiesten, los pensamientos no se pueden borrar de la realidad. Nada de lo que pensamos puede desaparecer. Todo pensamiento, especialmente si se usa la intención y la emoción, vive y se manifiesta.

~~~~~~~

Debemos contar con dos elementos antes de que podamos dar forma y controlar de manera activa las energías de las emociones con el poder del pensamiento: la *conciencia* y la *concentración* (la voluntad, la fuerza de voluntad o la intención). Lo que desarrolla la concentración hace lo mismo con la voluntad y viceversa.

Ahora, tras conocer esos cuerpos (el emocional y el mental), podemos completar la imagen de las causas funcionales de las enfermedades. Hemos mencionado la conexión entre el éter y la salud, por lo que creo que te debo una explicación sobre el aspecto técnico, la forma en la que funciona y las razones.

Cuando contamos con una energía en forma negativa (miedo a algo, por ejemplo), dicha energía existe en el subconsciente y tiene un vínculo emocional y mental. Esta energía actúa como imán y atrae la misma energía del exterior. Algunos sanadores la ven como si fuera «negra». Se filtra de manera gradual en los cuerpos energéticos, comenzando por los cuerpos sutiles y penetrando cada vez más hasta alcanzar el órgano específico conectado con el miedo (por lo general, los riñones o los pulmones). Esta energía desplaza al cuerpo etérico de su lugar correcto, desconectando el espíritu del cuerpo físico en el lugar en el que se localiza el miedo. Este órgano no recibe energía y así desarrolla una enfermedad. La salud es un movimiento energético a todos los niveles y en todos los canales. Por eso, es bueno comenzar la sanación moviendo las energías y viendo qué ocurre después.

Es muy sencillo y automático: estamos sanos siempre y cuando el estado interno de nuestras energías se encuentre limpio y fluya. Cuando no es así, atraemos esa energía negra que evita que el cuerpo físico reciba vitalidad, energías de vida. La solución es también muy sencilla y mecánica: elimina esta energía negativa y magnética del cuerpo mental y emocional, y abandonará también el físico. Entonces, podrás aplicar la técnica de sanación que desees. Aprenderemos a hacerlo con la limpieza del subconsciente.

~ુ

El flujo habitual de energía en el cuerpo copia los patrones mentales, emocionales y del subconsciente, que forman tu personalidad, quién eres. Quién eres da como resultado el tipo de salud que tienes. Puedes curarte al trabajar en tu personalidad. Éste es un nivel o plano distinto a aquél en el que trabajan los doctores o los sanadores.

La misma lógica se aplica a la falta de energía. Cuando estamos estresados o llenos de emociones negativas, también estamos involucrados en lo que está ocurriendo y experimentamos un serio déficit energético. Nuestro cuerpo no puede recuperarse porque le falta la energía necesaria. ¿Por qué los niños se curan más rápido? Porque no han malgastado todavía su energía. En resumen, la salud es energía.

~ુ

Todas las medicinas alternativas funcionan al nivel de los cuerpos energéticos, ya sea la sanación del reiki, las hierbas, las flores de Bach, la acupuntura o los masajes. Estas técnicas restablecen los cuerpos energéticos y su buen funcionamiento (¿recuerdas que los cuerpos sutiles influyen en el físico?). Sin embargo, no son siempre capaces de limpiar el motivo, por desgracia.

Una cosa más: cuando trabajamos con personas y las sanamos, es muy fácil ayudarles a que se desprendan de la energía negativa, pero ésta entró en su cuerpo de alguna manera y hay una razón para que sea así: la persona en sí. Después de eliminar la energía negativa, cada uno sigue siendo el mismo, con la misma personalidad, y sigue portando la razón para que apareciera esa energía negativa. Generará las mismas circunstancias y atraerá más energía de ese tipo (con independencia de la curación). Cada enfermedad, sea kármica o circunstancial, enseña una lección. Hay que asegurarse de que la persona ha aprendido dicha lección antes de liberar las energías o curarla. Si no, el karma se le pasará al sanador y la persona no habrá aprendido nada.

Samskara y los cuerpos energéticos

Aceptamos la extraña idea de que nuestros pensamientos, emociones e impulsos físicos son automáticos y están predestinados, por lo que tenemos poca capacidad de influir en ellos. Básicamente, nos han enseñado a creer que esos tres cuerpos son un código cerrado. Sabemos que algunos acontecimientos pueden influirnos e incluso cambiarnos y nuestra creencia afirma que es un cambio unilateral o una situación sin vuelta atrás. Sin embargo, si modificamos esa creencia sobre que no hay vuelta atrás por una en la que sí la haya, podemos deshacer la influencia o el cambio.

Los tres cuerpos mencionados anteriormente (el etérico, el emocional y el mental), al combinarse con el físico, componen lo que llamamos el yo inferior o carácter (personalidad). Contiene toda experiencia previa, es decir, los recuerdos, traumas y energías similares por los que hemos pasado. Las energías encerradas en esos cuerpos, la historia energética de nuestras vidas, tienen una influencia constante en nuestro día a día y en nuestra toma de decisiones. Cuando actuamos según ellas, nos convertimos en observadores, pero no en participantes activos de nuestra vida.

Samskara (al menos, como lo entiendo yo) es la impresión energética según la cual actuamos. Es una acción automática que resulta de la suma de todas las impresiones. Somos rehenes del *samskara,* no tenemos libertad de decisión. Nos guía y otros la usan en contra de nuestra voluntad si ésta nos falta. No obstante, si poseemos fuerza de voluntad y comprensión, podemos elegir cómo actuar, aunque la mayoría de las personas no puede, actúa siguiendo el *samskara.*

El *samskara* está activo al nivel de uno de los cuerpos nombrados antes (y una parte está activa en los cuatro niveles a la vez). En el plano emocional, son los recuerdos agradables y dolorosos los que influyen en nuestra decisión sobre qué restaurante elegir y con qué persona salir. Las emociones son imanes muy fuertes. Algunas personas dicen que atraemos lo que tememos. Bueno, aquí está el porqué. El *samskara* es la serie inconsciente de impulsos, reflejos, creencias y programación.

A nivel mental, se trata de nuestras creencias sobre el dinero, las normas sociales o las cosas que nos decían nuestros padres u otras autoridades (entrenadores, profesores, rabinos, sacerdotes, instructores de yoga, doctores…). Toda clase de espejismos personales que proceden de nuestras propias conclusiones falsas. En realidad, piénsalo durante un segundo: cualquier autoridad o entidad que tiene poder sobre ti te hace creer en su poder o tú lo aceptas de forma voluntaria por creencias o miedos (les tienes miedo, por lo que, de manera instintiva, les permites tener autoridad sobre ti). Quien tenga poder sobre nosotros lo tiene sólo porque se lo damos al creer en algún orden social o de otro tipo. Sin voluntad ni razón, no podremos escapar de su control. Se dirige mejor a las personas sin voluntad, son «buenos clientes» (lo que significa que son fáciles de manipular y convencer, que es sencillo venderles algo de manera agresiva).

Demos un paso más: ¿por qué creemos que necesitamos medidas extraordinarias como pastillas y vacunas contra enfermedades como la gripe en vez de creer que nuestro sistema inmunitario tiene las herramientas para matar a los gérmenes que las provocan?

El origen físico de nuestro cuerpo y de su sistema inmunitario es el mismo que el de esos gérmenes, ambos proceden del planeta Tierra. Han estado coexistiendo durante el tiempo suficiente para que el sistema inmunitario los reconozca al verlos y sepa qué hacer con ellos. Las creencias causan desequilibrios que provocan la enfermedad. Antes hemos dicho que la energía fluye acorde a lo que pensamos. Si no creemos en nuestro sistema inmunitario, en algún nivel (no en todos) no le estamos aportando energía.

El cuerpo mental tiene un lado masculino y otro femenino: la consciencia y el subconsciente. Bueno, no es exactamente así, se parecen más a herramientas utilizadas en combinación con el cuerpo mental. Sin embargo, para simplificar conceptos, pensemos en ellos como si fueran partes del cuerpo mental. Nuestra mente es una matriz de creencias y aceptaciones por la que pasa el flujo energético. A través de esta matriz, se manifiesta todo en nuestra vida. La conciencia tiene la clave para interpretar acontecimientos antes de que se guarden en el subconsciente, pero éste es el que influye en nuestro comportamiento.

Si tienes información en tu mente que has aprobado (en otras palabras, si crees en ella o la aceptas), influirá en tu vida. Las creencias falsas como «mis ingresos dependen de mi jefe» no tienen por qué existir. No crees esas ideas, pensamientos ni interpretaciones erróneas. No hay necesidad de establecer ese tipo de vínculos. Tú eres el espíritu, eres libre, no provoques esos lazos artificiales. No establezcas condiciones ni estipulaciones. Disfruta tu libertad. Algunos sistemas cultivan la creencia de que puedes hacer más de lo que piensas. Así, se eliminan las creencias previas en tus cualidades, sean físicas o de otro tipo.

En este nivel, no importa cuánto consideremos que estamos educados o civilizados, sólo somos animales ensalzados con creencias falsas sobre la iluminación. Al nivel de los chakras, la mayoría vivimos en el chakra del plexo solar, *manipura,* que es el nivel animal de consciencia, no humano. Tendemos a creer que todo, el éxito y la suerte, depende de nosotros y nuestras acciones y elecciones conscientes, pero, de hecho, es el subconsciente el que desempeña el papel más importante en nuestros éxitos. En esta etapa, tus guías interiores e intuición no se pueden alcanzar desde tu conciencia. Pero esto sólo será así hasta el momento en el que tengas voluntad y motivación para cambiarlo. Entonces, las herramientas aparecerán a continuación.

~~~~o~~~~

Permanecerás en esta etapa, siempre y cuando te encuentres en el nivel de «huir del dolor» o «perseguir el placer», donde seguirás acumulando karma (sea bueno o malo). Cuando te conviertas en un individuo que busca la verdad, cuando sientas deseos de espiritualidad para encontrarla, cuando te percates de que tu alma, tu nivel de conciencia sobre el yo inferior, quiere la autorrealización, pasarás al sendero del amor y el gurú universal aparecerá ante ti de alguna manera, sea a través de un libro, una persona o una voz interior. Podemos pasar al camino de los buscadores espirituales gracias a la voluntad y el deseo de servir a otros. «Huir del dolor» y «perseguir el placer» se convertirán en niveles diferentes de felicidad. El dolor no será una amenaza ni el placer ordinario una motivación. Entonces, nos liberamos de karma (a través del gurú). Si no encuentras otra motivación aparte de huir del dolor o perseguir el placer, no pasa nada. Haz lo que sea importante para tu alma en cada momento.

~~~~o~~~~

El *samskara* es una formación energética causada por acontecimientos pasados e influye de manera constante en nuestra vida. En otras palabras, nuestro pasado influye en nuestro presente, por lo que, desde el punto de vista de las emociones, siempre vivimos en el pasado. Muchas de nuestras decisiones (qué comer, dónde ir, con quién reunirnos...) se toman bajo la influencia de este *samskara*. No nos pertenecemos.

Sin embargo, como siempre, hay maneras de cambiarlo. Existe algo más fuerte que el *samskara,* el karma. No el de las vidas anteriores, la acumulación de acciones, sino el de este momento (la acción en sí). El instante actual es más fuerte que el pasado. En realidad, el pasado existe dentro de nosotros en forma de *samskara* y el ahora es un ahora eterno. El ahora eterno es más fuerte que el *samskara*. El karma, la acción en sí, del eterno ahora también es más fuerte. Dado que tenemos consciencia y subconsciente y las acciones de este último son nuestro *samskara* y no se pueden aplicar a todas las nuevas situaciones con las que nos encontramos, en algunas debemos ser conscientes del ahora para no actuar según el *samskara* antiguo. Pregúntate dónde está tu conciencia, dónde existes y si estás presente en tu vida.

Podemos hacer que la eternidad sea real en nuestras vidas. Si queremos que esté de nuestro lado, debemos convertirnos en un solo ente con ella. Después de la meditación de la eternidad, el ahora es más fuerte que el *samskara*. Y, al combinar lo que ya hemos visto, nuestra capacidad de razonar y el control de las energías de nuestras emociones a través del poder del pensamiento, obtenemos el ejercicio meditativo perfecto para equiparnos con las herramientas que necesitamos para equilibrar el cuerpo mental, la mente.

Recuerda: debemos contar con dos elementos antes de que podamos dar forma y controlar de manera activa las energías de las emociones con el poder del pensamiento: la *conciencia* y la *concentración* (la voluntad, la fuerza de voluntad o la intención). Lo que desarrolla la concentración hace lo mismo con la voluntad y viceversa. Ambas se desarrollan con el siguiente ejercicio.

EJERCICIO PRINCIPAL

MEDITACIÓN (O RELAJACIÓN) SOBRE LA ETERNIDAD

La meditación es una herramienta valiosa para muchos problemas y un impulsor extraordinario para el desarrollo espiritual. Hay un gran número de libros sobre los beneficios de la meditación, fáciles de encontrar. De este modo, la misión de explicar dichos beneficios se la dejo a otra persona. No obstante, sigue pareciéndome importante enfatizar las ideas siguientes.

Tenemos dos tipos de pensamientos: el pensamiento fluido y el consciente. El primero es una cadena de pensamientos que nuestro cerebro genera sin nuestra participación activa. Por lo general, la cadena se crea con vínculos procedentes de la asociación. Vemos algo, nos recuerda a otra cosa, que nos recuerda a otra que no está relacionada, pero que nuestra mente ha conectado de alguna manera y así continúa sin fin. La mente fluida puede quedarse atrapada en una idea o problema que debe resolverse y comenzar a generar «soluciones» y a buscar sus puntos débiles. Puede ser inofensivo o perjudicial si, por ejemplo, nos impide dormir.

El otro tipo de pensamiento es el consciente. Se genera por voluntad propia, como cuando analizamos algo o tratamos de ser creativos. La diferencia es que el primer tipo no tiene un punto central y el segundo sí. Lo mismo ocurre con la meditación: en ella, los pensamientos o la actividad mental tienen un centro que definimos. Para esta meditación en concreto, el centro es la noción de eternidad.

Tanto la meditación como la relajación tienen el mismo propósito y técnica. El principio es que nos convertimos en aquello que pensamos. En ambas, la mente consciente se encarga del trabajo. En otras palabras, el término relajación no hace referencia a la relajación de la mente, sino del cuerpo. La diferencia principal es la postura, ya que en la meditación nos sentamos y en la relajación nos tumbamos, así como la posición de las manos, puesto que en la meditación hacemos mudras y en la relajación colocamos las palmas hacia arriba. Otra diferencia es que, en la meditación, es más difícil que nos quedemos dormidos mientras que, en la relajación, es muy fácil, sobre todo si estamos cansados, está anocheciendo o se acerca la hora de irnos a la cama. A excepción de esas distinciones, la mayoría de los conceptos se relacionan con ambas prácticas.

La meditación desarrolla la fuerza de voluntad gracias a la acción intencionada que realizamos cada vez que nuestra mente abandona el centro, que es la idea en torno a la cual meditamos, y cambia a pensamientos fluidos. Los esfuerzos que hacemos para traer a nuestra mente de vuelta a su centro es lo que llamamos voluntad o fuerza de voluntad. Al hacerlo, ejercitamos el músculo de la voluntad, fuerza de voluntad, concentración o intención. Todas son lo mismo.

La meditación crea conciencia. Cuando logramos evitar que nuestra mente se deje guiar por pensamientos fluidos y la obligamos a permanecer concentrada en el centro de la meditación, ampliamos nuestra conciencia, nuestra presencia, la del yo activo (¿o verdadero?) en el presente (o en el centro de la meditación). En términos más sencillos, ganamos conciencia a través del centro de la meditación.

En este caso, es la eternidad, y ésta es una de las tarjetas de presentación de la mente universal (y más allá) a la que llamamos Dios. Al meditar acerca de la eternidad, no sólo nos estamos alineando con el ahora eterno, sino también con las vibraciones divinas de la eternidad, con nuestra parte divina.

⁓

Otro aspecto de la meditación es que Dios tiene una conexión constante con todas las partículas que existen y, por supuesto, contigo y conmigo también. No hay fuerza en el universo que pueda romper dicha conexión. Nuestro vínculo, el que nos conecta con Dios, es exclusivo. En él, los únicos participantes somos cada uno de nosotros y Dios. No hay nadie cerca, ni intermediarios ni mediadores. Sólo Dios y cada uno de nosotros, ofreciéndonos tiempo de calidad eterno. Siempre tengo la atención de Dios puesta en mí mientras que la mía pocas veces se centra en él. Nuestra atención está por todas partes: en los pensamientos fluidos, en las cosas que captan nuestra atención, en las que nos parecen interesantes, en los pensamientos obsesivos, etc. Sin embargo, mientras meditamos, dirigimos la atención a Dios y fortalecemos la conexión entre él y nosotros (de hecho, «fortalecer» no es la palabra correcta, digamos que lo que fortalecemos es nuestra capacidad de percatarnos de esta conexión). Dicho vínculo no es algo que tengamos que ganarnos o demostrar que merecemos. Lo tenemos por defecto y nadie, nada, ni siquiera nosotros mismos, puede romperlo para bien o para mal.

Como aclaración, fijamos la atención en Dios cuando tenemos este ideal como centro de nuestra meditación, cuando dirigimos la atención hacia él y permanecemos así. En la meditación sobre la eternidad, sólo colocamos en el centro una de las características de Dios, la eternidad.

Después, presentaré las instrucciones completas sobre cómo meditar, pero antes debo darte a elegir. Hay dos maneras de aprender a meditar: la interna o la externa. La segunda se presenta en las instrucciones que aparecen a continuación. La primera es fascinante.

En el método interno, también conocido como meditación abierta, en el que no solemos tener un centro fijo (al menos, al principio), lo único que necesitamos saber sobre la meditación es que no debemos seguir los pensamientos fluidos. Cada vez que nos encontremos atrapados en el flujo de la mente, debemos devolverla al principio, al estado de cero acción.

No necesitamos pensar o hacer nada con la postura, la posición de las manos o la espalda, la respiración…, nada. Sólo permanecer sentados y decir: «Ahora estoy meditando». Cada vez que descubrimos que nuestra mente se ha desviado, decimos: «Oye, ahora estoy meditando». Todo lo demás surge de la observación, la intuición y la conciencia. Nadie nos enseña, aprendemos a través de la experiencia individual y, al final, descubrimos nuestra meditación personal.

Tiene pros y contras. El método interno es adecuado para las personas que se encuentran en un camino espiritual de desarrollo o, al menos, tienen esa actitud. Lleva más tiempo alcanzar la meditación real (unos veinte días). No es para todos y requiere el carácter y la voluntad de hacerlo. En otras palabras, es para verdaderos entusiastas. Por eso, si este método interno de meditación abierta ha conectado contigo y te atrae, cíñete a él. Siempre puedes volver y leer las instrucciones de la otra meditación más adelante.

Sólo recuerda que sí que tenemos un centro y el centro es la eternidad, la noción, la idea y, sobre todo, el sentimiento. Cada vez que te descubras atrapado en el fluir de tu mente, lejos de la sensación de eternidad, debes decirte: «Oye, eternidad». Si te apetece, puedes empezar a meditar incluso sin tener este centro de eternidad y comenzar a usarlo después...

Tiempo y duración
Una vez al día, durante al menos veinte minutos (cuarenta días seguidos).

¿Qué hacer? (Para la relajación)
Túmbate, relájate, sitúa tus sentimientos en la noción de eternidad y disfruta de la sensación.

¿Cómo hacerlo? (Para la relajación)
Túmbate, con las manos a cada lado y las palmas hacia el cielo (savasana). Respira hondo, con lentitud. Prepárate para una relajación total. Visualiza el haz de luz, el del ejercicio anterior, para conseguir protección.

Imagina que un maestro espiritual o un monitor de yoga te dice que te relajes, respira hondo, dirige tu atención al interior, calma el cerebro, la columna, los ojos, la lengua, el cuello, la garganta... hasta que toda tu cabeza esté relajada.

Sigue relajándote poco a poco desde el cuello hasta la parte inferior de la espalda y haz lo mismo en la parte frontal del cuerpo. Imagina que tu maestro espiritual nombra cada parte de éste, una a una, desde la zona superior a la inferior. Relaja cada parte del cuerpo que nombre el maestro. Puedes relajar todo el cuerpo, desde la coronilla a los pies o de los pies a la coronilla.

Como alternativa, imagina un único rayo dorado tan amplio como tus hombros procedente del cielo, cayendo desde tu cabeza hasta tus pies. Cada parte del cuerpo que toque, se relaja. El rayo también puede surgir desde tus pies.

Despréndete de todas las barreras al concentrarte en lo que te hace ilimitado y te aporta una libertad infinita. Cuando no sientas el cuerpo y notes una relajación total, libérate de lo que te rodea. Imagina que estás en un espacio abierto o volando en el cielo. Te has liberado de tu cuerpo y de tu entorno.

Ahora piensa en el universo, en su infinito y su eternidad. ¿Qué sentimiento despierta en ti la noción de eternidad? Si no lo encuentras así, repite la palabra «eternidad». Concéntrate en ese sentimiento, deja que crezca, permite que se apodere de cada parte y cada célula de tu cuerpo, conecta con él, vívelo y conviértete en él. Cuando el sentimiento sea lo bastante vívido, debes decirte: «Soy parte de la eternidad». ¿Cómo te hace sentir? Vive ese sentimiento. Permite que las vibraciones del sentimiento se conviertan en parte de ti, de tu cuerpo físico, de tus órganos internos, de tu cabeza. Puedes dejar que estas vibraciones penetren en tu columna y en tu cabeza. Puede ser abrumador. Si eso es lo que sientes, prueba a pellizcarte o comienza a respirar de forma consciente.

Tras veinte minutos con la sensación de eternidad, siendo parte de ésta (y de la calma que la acompaña), debes decirte que es hora de volver a la realidad. Es muy importante que sea un proceso gradual en el que traigas de vuelta tu conciencia desde el estado de meditación a la realidad física. Desvía tu atención desde el sentimiento a la respiración. Percibe tu cuerpo, cada una de sus partes, la habitación y el entorno, tu posición en la sala, el roce de tu ropa y la sensación de la brisa en la piel. Frótate las manos para calentártelas. Colócalas ante los ojos, crea una capa de protección y ábrelos ante la oscuridad. Sonríe, recuerda los buenos sentimientos. Mantenlos todo el día. Puedes girarte y tumbarte sobre el costado derecho o izquierdo durante unos momentos. Cuando adoptes una postura sedente, puedes volver a frotarte las manos y colocarlas en cualquier parte del cuerpo, donde te apetezca. Después, en una tercera. No intentes hacerlo más de tres veces. El flujo energético de las manos se habrá absorbido por completo a través de esas tres partes.

Recuerda apagar el haz de luz.

Hazlo durante cuarenta días, al menos veinte minutos en los que te relaciones de verdad con la sensación de eternidad (de veinticinco a treinta minutos en total). Para la mayoría de las personas, lo mejor es hacerlo por la mañana porque es cuando tenemos una entrada de energía. El momento más complicado para llevarlo a cabo suele ser el mediodía o más tarde, sobre todo al anochecer.

¿Qué hacer? (Para la meditación)

Siéntate en una postura cómoda, coloca la lengua contra el paladar, relájate, sitúa tus sentimientos en la noción de eternidad y disfruta de la sensación.

¿Cómo hacerlo? (Para la meditación)

Siéntate en una postura cómoda y mantén la espalda recta (sobre todo, la parte inferior). Tu postura sedente es muy importante para el ejercicio, especialmente tener la espalda recta. Si al empezar el ejercicio no te colocas de manera que estés a gusto, la incomodidad te impedirá desconectar del cuerpo. Utiliza algo de apoyo sobre lo que sentarte, como cojines, toallas dobladas o libros. Cuando te sientes, mantén la espalda recta y relájate. Si no estás cómodo, reduce o añade los accesorios de apoyo hasta que puedas sentarte con la espalda recta y relajar tu cuerpo.

Dobla la lengua desde la mitad. Esto crea un vínculo que conecta los «puentes dentales» superior e inferior de la boca, las encías tras los dientes frontales. Entrelaza los dedos y sitúa las manos sobre el regazo.

Coloca las protecciones. Haz el ejercicio de relajación progresiva desde la parte superior de tu cuerpo a la inferior o al revés, igual que en la versión anterior. Tienes que alcanzar la relajación hasta el punto de no sentir tu cuerpo físico ni tu entorno. Intenta visualizarte en algún lugar que facilite esta prueba. Podría ser en una piscina, flotando en el aire, en el espacio exterior o algo similar. Despréndete de los límites y recuerda lo que te hace ilimitado.

A partir de este punto, los pasos son los mismos que en la relajación. Sitúa tu mente en la eternidad, concéntrate en la sensación que la acompaña, nota qué se siente al formar parte de ella (porque, en realidad, lo eres). Después de veinte minutos, vuelve poco a poco a la realidad. Cuando lo hagas, frótate las palmas y colócalas sobre los ojos. Luego, ábrelos en la oscuridad creada por las manos. Intenta mantener la sensación de eternidad durante todo el día. Apaga el haz de luz.

¿Qué no hacer?

- Cuando estés en una postura sedente, no te inclines. En cambio, puedes ofrecer un apoyo adicional a la espalda o la cabeza. Es difícil mantener la primera recta, por lo que te puedes sentar sobre libros, cojines, una toalla doblada o unos ladrillos de yoga. Utiliza todo lo que necesites para mantenerla recta. Cuando encuentres la altura adecuada, podrás sentarte erguido casi sin esfuerzo. Sin embargo, si es necesario, también puedes sentarte en una silla.
- Es muy importante usar las protecciones. Utiliza el haz de luz para este propósito.
- Algunas personas escuchan música para entrar en el estado meditativo o relajarse, pero no lo hagas.

¿Cómo y cuándo sabré que está funcionando?

Es normal que al principio no sientas la eternidad o que los pensamientos sobre el espacio no te ofrezcan la sensación de eternidad. Piensa en cualquier cosa que creas eterna: Dios, la energía, etc. La sensación llegará y desaparecerá antes de volver.

Tampoco pasa nada si la incomodidad del cuerpo no te permite entrar en el estado meditativo. Sigue practicando. Pronto, tu cuerpo encontrará un lugar cómodo y podrás desconectar tu mente de él.

Cuando sientas la eternidad y su significado, cuando las vibraciones de eternidad se conviertan en parte de tu sistema, sabrás que vas por el camino correcto. Sigue adelante. No existe una meditación que no funcione. Es nuestra capacidad de sentir el proceso lo que debemos desarrollar y lo conseguiremos si seguimos practicando.

¿Por qué lo hago?

Esta meditación o relajación pretende presentarte la auténtica realidad del ahora eterno y su poder sobre el *samskara* y tus experiencias anteriores. El ejercicio sirve para desconectar de estas últimas, para construir conciencia y fuerza de voluntad, para fundirte en uno con Dios en su sentido eterno, para resonar con él. Para darte cuenta de que las únicas limitaciones que existen están ahí porque crees en ellas. Todo es infinito, absolutamente todo. Dios es ilimitado y lo es todo, igual que todo es Dios.

Un beneficio enorme y adicional es la acumulación de energía psíquica. Cuando usamos el cerebro (o él mismo se usa en el acto de la mente fluida), quemamos parte de esa energía psíquica. Si no logramos silenciar nuestro cerebro, boca o ambos, la consumiremos toda. Mientras meditamos, el cerebro, igual que la boca, permanece en silencio y se acumula el flujo de energía psíquica. ¿Por qué es importante? Porque tu intuición, supraconsciencia, conexión con un yo superior, equilibrio interno y más cosas mágicas que se pueden desarrollar funcionan usando este nivel de energía.

Resumen
Con veinte minutos de ejercicio, conseguirás alcanzar la sensación de eternidad y ser parte de ella. Trata de mantener dicha sensación durante todo el día.

EJERCICIO COMPLEMENTARIO

Calmar la mente

En la civilización occidental, no dejamos que la mente descanse. Siempre «necesitamos» estar conectados, consumir más información y satisfacer nuestra curiosidad vacía. Todo atrae y exige nuestra atención y, por lo tanto, nuestra energía. Malgastamos grandes cantidades de esta última. En algún momento, se convierte en nuestra segunda naturaleza (si no en la primera), algo que justificamos: creemos que es necesario y correcto estar conectados, saber qué les ocurre a nuestros amigos, al mundo, al mercado de valores. Leemos artículos sólo para tener más conocimientos y presumimos de «datos interesantes» e inútiles que oímos un día cualquiera en algún documental de animales.

El lado izquierdo del cerebro no estaba diseñado para encargarse de todos los elementos de nuestra vida, mucho menos para alcanzar la posición de rey por derecho propio en nuestra sociedad, en la que poseemos avances tecnológicos. Los estudiosos del Renacimiento europeo creían que las personas podían encontrar la felicidad usando la mente. Esa felicidad depende de nosotros y se encuentra en nuestra capacidad de crearla, dado que somos los únicos que sabemos qué significa en nuestro caso. Las personas del Renacimiento buscaban fuentes alternativas a los escritos sagrados.

La idea de que sólo nosotros sabemos qué nos hace felices es fundamental. Como veremos más adelante en el libro, la mente no es la que sabe, no es la guía, sino una esclava. La mente no puede generar inspiración, creer en valores universales, amar a alguien o ni siquiera conocer el amor. Me estoy adelantando, pero te diré que el corazón sabe todas esas respuestas y es el que puede experimentar amor, inspiración y felicidad. Sabe lo que nos hace felices. No me refiero al corazón físico, sino a sus equivalentes o dobles energéticos, el etérico y el emocional.

La idea de que sólo nosotros sabemos qué nos hace felices se ha convertido en el eslogan de ventas de muchos anuncios. El capitalismo usa la idea y la exagera. Ha dado lugar al consumismo romántico, a que la mente se limite al lado izquierdo del cerebro y a que la felicidad se centre en placeres a corto plazo.

Como resultado, estamos desequilibrados. Somos criaturas que piensan con el hemisferio izquierdo, guiadas por esos deseos impuestos y desconectadas de nuestros deseos reales.

Atención: no estamos hechos para consumir, sino para crear. Sólo la creación que procede del corazón, con alegría y entusiasmo, nos provoca una satisfacción real. Cuando hacemos aquello para lo que estamos destinados, sentimos felicidad al hacerlo.

Pero primero vamos a silenciar el cerebro. El lado izquierdo de éste, sobrecargado por un uso o trabajo excesivo o por cualquier otra razón, no se detiene hasta que ha consumido todas nuestras energías. Algunas personas no se pueden quedar dormidas de forma natural por la noche tras un día de trabajo. Deben participar en juegos en línea o ver la televisión para conseguirlo. Otras, para silenciar el hemisferio izquierdo, beben alcohol o fuman marihuana, actos destinados a consumir la energía psíquica y sumirse en un estado energéticamente vulnerable.

No necesito decirte lo nocivas que son estas soluciones para las personas sensibles (y para las demás). Si consumes la energía psíquica, no habrá crecimiento espiritual ni creatividad. Beber y fumar activan las ondas alfa del cerebro y consumen la energía psíquica, dejándote en un estado vulnerable y desprotegido.

Por eso, te voy a dar algunos trucos fáciles, rápidos y eficaces para que el lado izquierdo del cerebro descanse. Con suerte, si sigues los ejercicios y meditaciones del libro, conseguirás controlar la mente y la mayor parte del tiempo estará en silencio, como debe ser.

Si has seguido las instrucciones hasta el momento y has hecho los ejercicios principales (por no mencionar los complementarios), estas líneas deberían haberte recordado a ti mismo antes de empezar a trabajar en tu equilibrio. Te habrán mostrado la diferencia entre tu yo de ahora y el de antes, que no necesitas nada externo (excepto algunas pautas) para estar equilibrado y feliz. Todo lo que necesitamos se encuentra en nuestro interior. No nos hacen falta pastillas, alcohol, marihuana, música, el mundo exterior ni nada más.

Algunos trucos para calmar la mente
Mientras el lado izquierdo del cerebro está funcionando como loco, absorbe las energías de todo el cuerpo, encogiendo los centros energéticos y dejándolo seco de energía. Cada vez que exigimos un mejor funcionamiento del cerebro, ensanchamos el centro energético de la cabeza para lograrlo. Como resultado, todos los chakras del cuerpo excepto el de la cabeza son pequeños y están vacíos. Después, veremos un ejercicio que equilibrará los chakras, pero esto es lo que debes hacer por el momento. No olvides usar la voluntad mientras realizas el ejercicio.

———

Piensa en el número cero. Ve su forma en la mente y lo que representa: la nada, ninguna actividad, cero movimiento, ninguna creación. Deja que ocupe tu mente y transmita a tus cuerpos en el área de la cabeza la idea de la nada, de falta de acción, y sus vibraciones. Siente cómo los campos energéticos a tu alrededor y en torno a tu cabeza absorben la vibración del cero.

Imagina el campo energético generado por el trabajo desproporcionado del cerebro alrededor de tu cabeza y verás cómo un cable de cobre conecta ese campo con el centro de la Tierra, cómo toda la energía generada alrededor de la cabeza traspasa el cable hasta el centro del planeta. Te permitirá desprenderte de una sobrecarga indeseada.

Ahora, utiliza tu fuerza de voluntad, encoge el centro energético hasta un tamaño normal (más o menos el de una pelota de tenis de mesa). Mientras, ensancha el chakra del corazón hasta ese mismo tamaño y observa cómo el potencial energético entre los dos centros se equilibra.

Coge un borrador imaginario y elimina con él la información alrededor de tu cabeza y dentro de ella, como si los datos estuvieran escritos con tiza en una pizarra. Ahora sigue borrando la información de todo el campo energético que rodea tu cuerpo.

Desvía la atención hacia el corazón, el energético. Siente su calma y su vibración especial. Respira hondo, despacio. Inspira, contén el aire y, con toda la lentitud posible, espira. Hazlo varias veces hasta que sientas una calma completa. No permitas que el cerebro se apodere del proceso. Mantén tu atención en la respiración o el corazón. Cuando surja una sensación agradable, préstale atención. Significa que te has separado del lado izquierdo del cerebro y se han activado las ondas alfa.

Todos estos pasos funcionan a la perfección como actos individuales y aún mejor como una cadena de acciones. Otro truco que puedes usar son los mudras del yoga, que están pensados para alcanzar los estados más elevados de la mente, pero que, en nuestro caso, se pueden usar para apagar o silenciar el cerebro y, de este modo, calmar la mente.

Si has estado delegando responsabilidades a la mano izquierda, ahora el hemisferio izquierdo será menos «agresivo» en cuanto a dirigir nuestra vida sin que nosotros tengamos control sobre ella. En cualquier caso, siempre puedes iniciar parte de tu actividad con la mano izquierda mientras la derecha está descansando. Esto hará que poco a poco se apague el lado izquierdo del cerebro y despierte el derecho.

Como elemento extra, existen algunos vínculos o reflejos relacionados con nuestros hábitos neuronales. Cuando haces una cosa, ésta provoca otra. Por ejemplo, si estamos trabajando en el ordenador y el trabajo está relacionado con el lado izquierdo del cerebro, cada vez que miras la pantalla, «tensas» el hemisferio izquierdo y entornas los ojos. Al hacerlo, creas un reflejo. Tu cuerpo recuerda que, cuando miras a la pantalla, debes usar el hemisferio izquierdo del cerebro. Ahora, cada vez que mires a una pantalla o entornes los ojos por cualquier otra razón no relacionada con el trabajo, el lado izquierdo del cerebro se activará. Observa tu comportamiento y, cuando encuentres esos reflejos, trata de no actuar según ellos.

Shambhavi y akashi mudras

El propósito original de estos ejercicios es despertar la supraconsciencia, pero también es una manera de dejar descansar la mente y un apoyo para su estado meditativo (trance). Se efectúa de manera tradicional en la postura del loto, pero se puede hacer con facilidad en cualquier otra postura sedente que prefieras, incluso sentado en tu querido sofá.

Shambhavi mudra se realiza observando el lugar entre las cejas. Sí, es imposible verlo, pero sigue mirando. Con los ojos abiertos, si diriges tu atención a dicho lugar, percibirás dos cejas con una V en medio. Tras pasar un tiempo, quizás seas capaz de verlo con los ojos cerrados. En algunas tradiciones, la cabeza debe estar inclinada hacia atrás entre 30 y 45 grados. Antes de realizar el mudra tres veces, respira hondo y espira con mucha lentitud.

Akashi mudra se realiza en una postura sedente con la espalda recta mientras se echa la cabeza hacia atrás 90 grados, con los ojos dirigidos hacia arriba o en el *shambhavi mudra*. Echa la cabeza hacia atrás con una inspiración y regresa a la posición original con una espiración. Todo parece muy yóguico, pero en realidad es muy fácil. Cuando tengas el cuello relajado y la cabeza hacia atrás (puedes añadir el paso de mirar al punto entre las cejas o sólo dirigir la mirada hacia arriba), sentirás que quieres quedarte dormido o que estás entrando en las ondas alfa del cerebro (en trance o modo meditativo). En este estado, es muy difícil que el hemisferio izquierdo realice el trabajo duro.

Lo mismo ocurre aquí. Primero, respira hondo tres veces y lleva a cabo el mudra. Cuando espires, hazlo con mucha lentitud.

Controlando el ritmo

Cuando controlamos el ritmo, controlamos la mente. Si no, ella es la que controla el ritmo. Se ve con claridad en el control de la respiración. Sin embargo, presta también atención al ritmo de tus acciones y cómo el cerebro pasa a la siguiente tarea antes de terminar la actual. Observa cómo te mueves, escribes en el ordenador, caminas, comes, bebes o hablas, tu comportamiento y ritmo. Las prisas de tu cerebro afectan a todas las acciones del cuerpo y se traducen en estrés y cambios en su ritmo natural.

En lugar de creer en esas cosas y aceptar lo que quiera el cerebro, permitiendo que dicte el ritmo, necesitamos tener un mayor control de lo que creemos urgente, comprender todo el escenario. Sugeriría que prestes atención a tus acciones y al ritmo al que las llevas a cabo. Cada vez que te encuentres corriendo, detente, ralentiza el paso y sigue trabajando a un ritmo un poco más lento. No permitas que las personas a tu alrededor queden absorbidas en tus prisas. Vive a tu propio ritmo.

Una buena solución es controlar la respiración. Si la controlas, puedes controlarlo todo. No es una coincidencia que en yoga y en las artes marciales la respiración se encuentre en la base y el centro de las prácticas. La calma de la mente se logra con la calma del prana y ésta se consigue con una respiración relajada y rítmica.

Con independencia de si respiras o no desde el pecho o el estómago o incluso de si realizas una respiración yóguica completa, controla el ritmo de tu respiración. Concéntrate en ella y vuélvela rítmica, uniforme: inspira durante el mismo tiempo que espiras. Cuanto más tiempo duren, más calmado te sentirás. Comienza con un mínimo de tres segundos (tres para inspirar y tres para espirar). Es muy bueno hacerlo dos veces al día hasta que la respiración rítmica se convierta en parte de tu vida, pero también es muy útil hacerlo *ad hoc*. Cuando te des cuenta de que estás yendo demasiado deprisa, detente y empieza a respirar rítmicamente. Encuentra un ritmo calmado y permite que influya en tu cuerpo y en el ritmo de tus acciones.

Si quieres tener un mayor control incluso del ritmo, aprende a respirar de forma acompasada, siguiendo el latido de tu corazón. Comienza con tres latidos: inspira durante esos tres y espira durante los tres siguientes. Hazlo dos veces al día y con el tiempo podrás subir a cuatro. Es uno de los mejores favores que puedes hacerte. Te alineará con el ritmo del universo: tu latido calmado y natural ya lo está con el universo, y al respirar con dicho ritmo tú también lo estarás.

⸺

Te recomendaría encarecidamente que implementaras la respiración completa del yoga en tu día a día. Este tipo de respiración carga el cuerpo entero de energía (prana), ayuda a la ventilación de todo el volumen de los pulmones y a que el chakra del corazón, *anahata,* reciba prana. Señalo este chakra específico porque el corazón recibe energía de él y ya sabemos que, cuando la cabeza va a toda velocidad, absorbe energía como loca y dicha energía procede de las partes inferiores, sobre todo del corazón.

Algunos de los síntomas de un *anahata* chakra débil, el centro energético del corazón, son insomnio, pensamientos compulsivos, inquietud de la mente, depresión, desesperanza y falta de entusiasmo, determinación y fuerza de voluntad. Puedes encontrar muchos ejemplos de cómo desarrollar el hábito de una respiración yóguica completa en línea y en libros sobre el tema.

¿Qué no hacer?

No vuelvas a tus antiguos hábitos con los que interrumpías tu ritmo natural.

¿Cómo y cuándo sabré que está funcionando?

Cuando sientas que estás a punto de precipitarte, pero algo en tu interior te detenga, lo pienses durante una milésima de segundo y hagas las cosas con el nuevo ritmo. Esto significará que los nuevos hábitos que has estado desarrollando comienzan a ser parte de ti.

¿Por qué lo hago?

Para calmar la mente y obtener control sobre el ritmo de tu vida.

Resumen

Dile a la mente «chsss» a través del uso de mudras, una respiración controlada y conciencia de los chakras.

Nota: Hay muchos otros ejercicios para desarrollar y dominar la mente, pero no son recomendables, en mi opinión, mientras no estés equilibrado.

Principios de los ejercicios

Me alegra y emociona que hayas llegado a este punto del libro. Significa que has estado trabajando en ti y estás alcanzando cierto progreso (y que has sobrevivido a mis textos). También has acumulado algunos errores por el camino y varias preguntas. Ha llegado el momento de que les echemos un vistazo a los principios de los ejercicios.

Digo principios de los «ejercicios», pero el concepto es mucho más amplio. Sería mejor llamarlo «los principios del trabajo energético». Puesto que todo es energía, con el tiempo verás que estos principios se aplican a muchas otras esferas de tu vida.

La razón por la que estamos hablando de dichos principios ahora es que, para apreciarlos, debes haber trabajado en los ejercicios, sentirlos, ver qué se siente al ser parte del ámbito energético, cuáles son las leyes y efectos de ese ámbito. Comencemos.

Hazlo sencillo, simple
(en inglés, KISS, *keep it simple, stupid*)

Me he esforzado mucho en la descripción de cada ejercicio. Es exactamente lo que debes leer y hacer, ni más ni menos. Por supuesto, en algunos puntos he hablado más sobre los efectos y sensaciones del ejercicio, pero nunca he dado información adicional sobre el aspecto práctico de su realización.

Éste es el ámbito energético con el que estamos lidiando, el que percibes con tu sensibilidad. Dicho ámbito tiene sus propias leyes y efectos. Aparte de sentirlo hasta el punto de que se vuelva abrumador, no sabemos mucho más de él. Uno de los objetivos de los ejercicios es que poco a poco este ámbito te resulte familiar.

Ahora mismo, debes reflexionar sobre tu práctica de los ejercicios hasta este momento. Es muy normal que imaginemos, ajustemos y cambiemos ciertos aspectos mientras los llevamos a cabo. Vuelve a las descripciones de los ejercicios en los que estás trabajando. Léelas de nuevo y compáralas con la manera en la que los conduces. Esfuérzate por realizarlos tal y como se describen.

Todas las prácticas deben ser permanentes

Nuestro objetivo es hacer que el efecto de todos los ejercicios se vuelva permanente o al menos de larga duración. Esto se logra con la práctica regular de la actividad, el uso habitual de los «músculos» que este ejercicio desarrolla y haciéndolo mientras estamos en trance. Ocurre lo mismo cuando aprendemos algo. Después, el cuerpo puede hacerlo sin nuestra participación, como conducir, nadar o caminar.

Explicaré más adelante la cuestión del trance. En cuanto al ejercicio regular y los «músculos», mientras se lleva a cabo cada actividad, cambiamos nuestro estado original por el deseable. Cuando trabajamos con la vela, por ejemplo, alcanzamos un equilibrio interno y fortalecemos la concentración interior. Si lo hacemos durante el tiempo suficiente, el efecto se convertirá en una parte permanente de nosotros. Lo sentiremos no sólo mientras hacemos el ejercicio, sino también durante todo el día. Aun así, como es obvio, esto difiere de un individuo a otro y también depende de cómo y durante cuánto tiempo realicemos esos ejercicios.

Si después usamos los «músculos» para otras tareas, como la protección, la sanación, la limpieza energética o cualquier otra actividad psíquica, no necesitaremos seguir haciendo los ejercicios. El efecto durará todo el tiempo que los usemos.

Por eso, tenemos que meditar durante cuarenta días seguidos. Éste es el tiempo necesario para que el tema de la meditación, su centro, se convierta en parte de nuestro sistema energético. Sin embargo, sólo se aplica a las meditaciones que tienen el propósito de «instalar» nuevas vibraciones, como la eternidad en nuestro caso. Para «desinstalar» el nuevo estado, las nuevas vibraciones, tendríamos que volver al estado previo y «meditar» sobre él o exponernos a su efecto negativo durante bastante tiempo.

Por cierto, en algún momento, el ejercicio se vuelve instantáneo. Después de trabajar con la vela durante un tiempo, un día te sentarás ante ella, preparado para visualizarla, y descubrirás que sólo con pensar en ese acto aparece en tu mente, sin esfuerzo, de la nada. Lo mismo ocurre con las esferas energéticas. En algún momento, las esferas se moverán por sí mismas y tú sólo tendrás que observar. En ese instante, sabrás que el canal energético está ahí y es estable.

Principio de resonancia

Esto quiere decir que somos compatibles con algunas personas en ciertos temas (resonamos con ellas) e incompatibles con otras. Con algunos amigos, nos lo pasamos bien cocinando mientras que, con otros, preferimos estudiar.

Sin embargo, a menudo tenemos amigos o personas de nuestro entorno cuya presencia «elimina» nuestro flujo creativo. Son todavía parte de nuestra vida y no queremos que dejen de serlo, pero es importante comprender cuándo nuestras energías no son compatibles o están en disonancia.

Lo mismo ocurre con las prácticas y ejercicios energéticos. Cuando tenemos una buena resonancia con una pareja, amigo o guía espiritual, el proceso de nuestras acciones se potencia en gran medida. De esta manera, elegimos de forma consciente a un gurú (sin embargo, cuando llega nuestro momento y estamos preparados, es el universo el que elige y nos muestra al maestro). No obstante, si sientes que tu consejero espiritual o instructor de yoga no es alguien con quien resuenes, tal vez deberías considerar buscar a otro con quien sí lo hagas. Por cierto, el principio de resonancia también influye a la hora de elegir parejas sexuales.

Podemos encontrar un lugar, un amigo o una pareja para realizar los ejercicios. La resonancia no es una suma de energías, sino una multiplicación. Trabaja con personas con las que resuenes, en grupo. Cuantas más, mejor. La resonancia eleva el potencial y hace que el efecto sea más rápido y duradero. Cuando alcanzamos nuestro potencial, con independencia del campo de trabajo, una persona con la que resonemos nos empujará a llegar más lejos aún.

La resonancia funciona, siempre y cuando el potencial energético en tu interior no se haya agotado. Esto nos lleva al siguiente principio:

Ciclos potenciales de energía

¿Por qué algunas cosas nos emocionan durante un tiempo? ¿Por qué disfrutamos del sexo con algunas parejas sólo un número limitado de veces? ¿Por qué algo nos interesa durante un período concreto y algunos ejercicios dejan de funcionar después de ciertas repeticiones?

La respuesta es el potencial energético. Cuando trabajamos en algo, lo hacemos con el nivel energético de la cosa a la que tenemos acceso. Se convierte en una parte de nosotros y creamos algo en el universo usando sus energías. Cuando el flujo energético acaba, es una señal de que su potencial se ha consumido. Hemos hablado antes del ritmo. Esto es igual.

Intentaré ilustrarlo con un ejemplo de varios ejercicios. El de la vela: imaginemos que te ha llevado cierto tiempo notar su efecto. Éste ha aparecido y se ha desvanecido, pero, poco a poco, se ha vuelto más fuerte. Un día, notas el efecto más que nunca. El ejercicio es un éxito, el efecto es profundo y duradero. Incluso te ha dejado una buena sensación, una recompensa de algún tipo y te sientes muy orgulloso de haberlo logrado. Al día siguiente, te sientas para hacer el ejercicio de la vela con el recuerdo del éxito anterior. Sigues los mismos pasos, pero el efecto no es tan fuerte. Sólo hay una tenue chispa de éxito aquí y allí. Algunos quizás se concentren en la buena sensación que proviene de los recuerdos, en lugar de hacerlo en el ejercicio. Al día siguiente, notas lo mismo a pesar del éxito de hace dos días.

¿Por qué y qué hacer? No te lo voy a decir… ¡Es broma! Si has estado practicando algo durante un tiempo, algo que requiere que sigas aprendiendo y mejorando, sabes que esos días álgidos ocurren aquí y allí. Después, surge un vacío natural. Si eres un artista, sabes que, cuando creas, construyes algo y esto genera algo en tu interior, a la vez. Cuando este algo está listo, notas un vacío repentino. Esto es igual que cuando hablamos de los tres períodos de la vida y cómo, después de alcanzar la realización de la energía llamada karma, sentimos un vacío.

Desarrollar hábitos buenos o malos sigue el mismo principio. Las personas que quieren más dinero, poder, seguridad o lo que sea, en el momento en el que alcanzan su última meta, sienten un vacío.

Ésta es la ley de la evolución. La entidad a la que llamamos Dios, el Dios definitivo, siempre es nuevo. Las energías nunca se repiten. Somos neuronas en el sistema de Dios, neuronas con el potencial de convertirnos en dioses. Actuamos en el sistema según la naturaleza de Dios, a la que llamamos leyes del universo. En otras palabras, estamos supeditados a esas leyes y nos encontramos en el camino de la evolución (conscientemente o no, pero mejor si adoptamos la primera opción, ya que es parte del camino espiritual). En combinación con la ley del ritmo, pasamos de potencial energético a falta de dicho potencial antes de volver de nuevo al potencial energético, pero en una nueva escala. Sólo en un cierto nivel de conciencia y desarrollo espiritual se nos pueden presentar principios más elevados donde superar la ley del ritmo (interesante, ¿no?). Siempre contamos con energías universales a nuestra disposición sin tener que guiarnos por la ley del ritmo.

En resumen, todas las energías tienen su carga, como una batería. Cuando se agota, nos sentimos vacíos. Entender este principio es muy importante para la vida. Busca el vacío, no intentes revivir el pasado. Alcanza el siguiente potencial, pero hazlo con nuevas herramientas. No podemos llegar a nuevos puntos álgidos que sean más emocionantes que los anteriores con las mismas herramientas con las que hemos alcanzado estos últimos.

¿Cómo se traduce esto en el lado práctico de los ejercicios? Cuando sientas el punto álgido, espera el vacío y busca nuevas formas de hacerlos. Ten paciencia y confía en tu intuición. Después del punto álgido, ten la actitud de un principiante. Olvida el éxito previo. Ahora es parte de ti, pero es irrelevante para futuros puntos álgidos.

Eso ocurre con el equilibrio, por ejemplo, al principio parece que se alcanza muy rápido. Pero, mientras avanzamos, descubrimos nuevos aspectos que equilibrar. Por eso, si sentimos que hemos alcanzado el equilibrio, pero, tras un tiempo, notamos que algo está fuera de lugar, no es porque hayamos retrocedido, sino porque estamos yendo hacia delante. Sólo cuando dejamos de trabajar en nosotros mismos durante mucho tiempo empezamos a ir hacia atrás. Es la ley de la naturaleza: lo que no avanza se desliza hacia atrás. Equilibrarnos no acaba ahí. Tras conseguirlo en el nivel actual, tenemos la oportunidad de alcanzar el equilibrio en el siguiente y así continuamente.

Lo mismo sucede con la meditación. Encontramos una manera de evocar el sentimiento de eternidad y en algún momento adquiere fuerza e incluso mantenemos dicha sensación durante todo el día. Pero, al día siguiente, utilizamos lo mismo para evocar el sentimiento y ya no está ahí. Lo intentamos con más intensidad, aprovechando el método antiguo en busca de sensaciones de eternidad que no funcionan. Lo mejor es probar métodos nuevos. Convertirnos una vez más en principiantes. Y… esto nos lleva al siguiente principio:

Cero expectativas y nuevos comienzos

¡Sencillo y pegadizo!

Cada vez que realices un ejercicio, ten la actitud de un bebé que explora el mundo. Los niños, cuando se topan con lo nuevo, no tienen expectativas, opiniones ni experiencias previas. No están corrompidos, todo es nuevo y reciente y no dejan de buscar cosas que explorar. Más adelante veremos la meditación del bebé interior.

Antes de comenzar el ejercicio o la meditación, olvídate del pasado, de las sensaciones y de los métodos que has usado. Empieza de cero, desde una página en blanco. ¿Por qué es importante? Al trabajar en los ejercicios, involucras tus habilidades creativas, creas nuevas realidades en tu interior. Como hemos dicho antes, los pensamientos son reales. Cuando te sientes a meditar y adviertas que la meditación actual es la continuación de la anterior, has llegado al lugar que creaste antes. Aquí no hay potencial energético, sólo pensamientos y experiencias previas. Aquí no hay vacío. Y te encuentras «meditando» en el pasado, en tus propios pensamientos y experiencias. Al principio, no es tan obvio, pero más tarde lo será, cuando entiendas el mundo energético y tu sensibilidad te ayude a ver ciertas cosas.

Principio de atención

¿Qué ocurre cuando meditamos? Fijamos nuestra atención en algo, el centro de la meditación, y la desviamos hacia dicho centro cada vez que se escapa. Con el tiempo, el centro de meditación se volverá más fuerte, acumularemos fuerza de voluntad y energía psíquica. Por eso, nuestra atención es el flujo natural de energía. Como un grifo abierto, el agua siempre fluye y depende de nosotros decidir a dónde dirigirlo.

La mayoría malgastamos esta energía, sobre todo en cosas que no son importantes. Somos débiles, no tenemos fuerza de voluntad ni sabemos lo que queremos, perseguimos placeres o falsas recompensas. Nos guiamos por el hemisferio izquierdo y no nos pertenecemos. Si somos sensibles, estamos condenados. Aparte de malgastar esta energía mágica, se nos manipula para dársela a otros, a los que nos rodean, a los que están al otro lado de nuestro teléfono, luchando por nuestra **atención.**

Mientras meditamos o hacemos otro tipo de ejercicio, centramos la atención en un punto. En todos los ejercicios, indico hacia dónde dirigirla. Cuando ésta se escabulle, con delicadeza la volvemos a situar en el punto de trabajo. El lugar al que dirigimos la atención es el centro de la tarea actual. Sin atención, no se lleva a cabo la tarea. Mientras no nos encontremos sumidos en meditaciones, prácticas esotéricas o energéticas, es mejor mantener la atención dentro de nosotros mismos.

En muchas ocasiones, hacer los ejercicios nos produce una sensación agradable. En algunos casos, como en la meditación sobre la eternidad, debemos mantener la atención en el centro de la meditación o del ejercicio, no en cómo nos hace sentir porque éste sería un tipo de distracción placentera. En el ejercicio de la vela, entre otros, involucramos al estado de trance, que produce una sensación agradable. ¿Y qué hacemos? Nos centramos en dicha sensación, nos olvidamos del ejercicio para perseguir esa sensación agradable. Entonces, el ejercicio se acaba porque la atención no está en su temática, sino en la sensación.

Siguiendo el mismo principio, alimentamos aquello en lo que pensamos. Si el lado izquierdo del cerebro está centrado en la negatividad y cooperamos con él, alimentamos dicha negatividad. Si luchamos contra algo o con algo, lo alimentamos. Sí, así es. Lo alimentamos con un tipo distinto de atención, pero sigue siendo «alimentar». Darle demasiada atención a un problema no lo resolverá.

Hay otro principio que parece la continuación de éste. Cuando meditamos o hacemos cualquier ejercicio, «instalamos» nuevas vibraciones, en lugar de antiguas. Esto se puede ilustrar con el ejemplo de una mina. La roca es la energía antigua y el espacio vacío, la nueva, pero pensemos en este caso en las rocas agrietadas que quedan, las que eliminamos para construir una cueva o túnel. No queremos concentrarnos en ellas. ¡**Nunca te concentres en lo que abandona tu cuerpo**! Al alimentar algo del exterior, lo alimentamos en nuestro interior. Al prestar atención al abandono de energía, es como si la animáramos a regresar.

Cuando te presente la limpieza energética, todo se entenderá mejor. Cuando nos limpiamos energéticamente, eliminamos la energía que no queremos y es muy interesante echar un vistazo a esas energías que eliminamos.

Una buena manera de ayudar al cuerpo a deshacerse de antiguas vibraciones es haciendo deporte u otro ejercicio. Sobre todo, recomiendo el yoga porque involucra a todas las partes del cuerpo y ayuda a limpiar las energías, usando la respiración, la postura y la relajación. Otras actividades no alcanzan este nivel de participación y profundidad de limpieza.

Ahora, piensa durante un segundo cómo luchas con tus antiguos hábitos. Al hacerlo, los alimentas por la puerta trasera. La solución está en concentrarse en un aspecto que desees incorporar en vez de en el mal hábito. Por ejemplo, si te acuestas tarde, imagina lo que puedes hacer al levantarte temprano y siéntelo. Si fumas, imagina que, a la hora a la que sueles fumarte un cigarro, abrazas a tus hijos, sonríes al Sol o lees un libro, cualquier cosa. Aunque no se vaya a convertir en un nuevo hábito, no importa, siempre y cuando desvíes la atención del acto de luchar para centrarte en la solución u otro asunto. Lo mismo ocurre con el desarrollo espiritual. Desviamos la atención de la persona que no queremos ser a aquélla en la que sí queremos convertirnos. Y este nuevo ser se transforma en un nuevo objetivo, futuro o inspiración, ya que reubicamos las fuentes energéticas del camino negativo al positivo. De lo que no quiero a lo que quiero.

La atención dirigida a los malos hábitos es como darles oxígeno, así que no les aportes energía. Es como un camino en el bosque, cuando las personas dejan de usarlo, la hierba crece por todas partes hasta que no podemos verlo. Los hábitos son como ese camino: si dejamos de caminar por ellos y prestamos atención a nuevos caminos, los viejos desaparecerán. ¿Qué más funciona así? Las conexiones entre neuronas o todas nuestras acciones repetitivas, que se convierten en hábitos. Hay canales energéticos y la energía es como un grifo abierto, así que nuestra fuerza de voluntad es la que regula su dirección.

Ejercítate mientras estás en trance

Pronto hablaremos sobre el estado de trance de la mente (al que también llamo meditativo o alfa) y cómo de relevante es para el equilibrio de las personas sensibles. El estado alfa (o, como me gusta llamarlo a mí, el ámbito alfa) es el espacio en el que existe nuestro subconsciente, tema que ya hemos tratado.

Muchos de los ejercicios se hacen en este estado porque, entonces, la huella de nuestro trabajo se vuelve más intensa y rápida. La limpieza energética también se lleva a cabo en dicho estado. En él, estamos indefensos y debemos limpiarlo y protegerlo, pero hablaremos del tema más adelante. Es muy importante no olvidarnos de abandonar este estado antes de terminar el ejercicio o la meditación porque es muy vulnerable. Luego te lo explico todo en detalle.

Ahora ya sabes qué se siente en esta etapa, cómo se llega a ella y cómo se sale. Después, cuando estés equilibrado, estable y tu potencial energético sea fuerte, podrás permanecer en este estado todo el tiempo.

Cuando trabajamos con energías, tendemos a usar las nuestras. Sin embargo, no es el camino correcto, con independencia de si estamos haciendo los ejercicios, limpiando energías o sanando a otras personas. Deberíamos ser sólo la herramienta o el canal, nunca la batería. La gestión energética es muy importante. Nuestra energía tiene que estar limpia de la de otras personas y debemos tener suficiente para no sentir su falta. Necesitamos conseguir más energía cada día (por desgracia, solemos tener cada vez menos). Por eso, cuando hagas los ejercicios, **utiliza el prana de tu alrededor,** no tu propia energía.

Cuando creamos esferas energéticas, utilizamos el prana. Cuando debemos visualizar algo, utilizamos el prana. Cuando nos mostramos muy generosos y queremos que alguien se sienta bien, no le damos nuestra energía (lo que, en realidad, es perjudicial), sino que nos convertimos en un canal de la energía universal. En la limpieza y la protección, usamos la energía de nuestro entorno. Si sientes que, al crear protección o crear las esferas energéticas o cualquier otra cosa, te cansas, eso significa que estás usando tu propia energía. En ese caso, antes de hacer nada, concéntrate en el prana y deja que esta energía satisfaga tus necesidades.

Nota: En general, si no eres un sanador, evita darle nada a otra persona.

Las emociones amplían el efecto de los ejercicios

Éste es un gran ejemplo de cómo las emociones traen consigo un flujo energético. El nivel de la emoción depende de la cantidad de energía que la acompañe. Lo habitual es que estemos «programados» para usar esta energía en la propia emoción (por ejemplo, cuando nos sentimos tristes, nos concentramos en la tristeza). Pero ¿por qué? Si estamos enfadados, consumimos energía en la emoción del enfado, lo que no nos lleva a ningún sitio. Cuando estamos emocionados, saltamos, bailamos o nos sentamos con la sonrisa de un loco. Parece que sólo cuando estamos asustados utilizamos la energía de manera «correcta», para luchar o escapar.

Abstraigámonos un segundo del vínculo natural entre la emoción y la acción que llevamos a cabo cuando la sentimos. Tenemos emociones y sus desencadenantes. También sabemos que es insano reprimir emociones. Lo que nos queda es, en los ejercicios energéticos y en cualquier otra actividad relacionada, aprovechar esas energías para usarlas con otros propósitos.

De esta manera, podemos usar las energías que se encuentran tras las emociones para ejecutar acciones. Por ahora, concéntrate en hacer los ejercicios mientras te encuentras bajo la influencia de alguna emoción. Piensa en la alegría, la felicidad o el amor. Cuando sientas el flujo de energía de la emoción, es decir, cuando experimentes la emoción, retenla y lleva a cabo el ejercicio.

Los diferentes ejercicios presentan efectos distintos. Algunos despiertan energía y otros la equilibran. En ciertos casos, tenemos mucha energía creativa, pero no la inspiración necesaria para usarla o saber hacia dónde dirigirla. A veces, tenemos más energía masculina y otras, femenina. Cuando el desequilibrio es pequeño y breve, no hay problema. Pero si no se ha equilibrado en mucho tiempo, puede llevarnos a lugares poco saludables.

Hasta este momento, los ejercicios que he descrito aquí están todos equilibrados y protegen y potencian dicho equilibrio, pero después veremos algunos muy intensos que traen consigo energías que deben equilibrarse, como el despertar temprano de la *kundalini*. Con este tipo de ejercicios, si no estás preparado, toda la energía sucia pasará a tu consciencia, así como los miedos y los síntomas de enfermedad. Te ofreceré también ejercicios para compensarlos, equilibrarte y protegerte. Con el tiempo, sentirás, movido por la intuición, cuándo deseas hacer un ejercicio u otro o qué ejercicio equilibra a otro.

La característica energética a la que nos referimos casi todo el tiempo es la vibración, es decir, la calidad energética, su información y propósito. Cada pizca de energía tiene características o vibraciones. Nuestro cuerpo tiene vibraciones. Cuando expresamos o experimentamos algo, recibimos o enviamos energía y esa energía vibra. Es la característica más básica y, a la vez, la más amplia a la que nos referimos cuando hablamos de energías. Podemos hablar de energías o vibraciones, pero en realidad describimos lo mismo.

Durante un día cualquiera, prestamos atención a nuestro cuerpo sólo cuando algo nos resulta agradable o desagradable, en otras palabras, cuando la energía entra o sale del cuerpo. Lo mismo ocurre con la calidad de la energía o las vibraciones. Las sentimos sólo cuando vienen o van. Si meditamos sobre la eternidad, la sentimos, siempre y cuando las vibraciones pasen por el proceso de volverse permanentes (lo que me gusta llamar «instalar vibraciones»). Mientras nos concentramos en la sensación de eternidad o cualquier otro centro de meditación, el trabajo de instalar vibraciones en el cuerpo está en curso.

Mantener la atención en la energía permite que sus vibraciones puedan instalarse, pero la cuestión aquí es que el movimiento real de la energía hacia dentro o hacia fuera nos resulta tangible en el momento en el que dicho movimiento se está produciendo. Igual que en el sexo, sentimos cuándo se mueve la energía. Cuando mucha energía se mueve, la notamos con mayor intensidad.

Así, con nuestra atención llevamos a cabo el trabajo y sentimos las vibraciones sólo cuando entran o salen (instalar o desinstalar). No obstante, está también el hecho de que, cuando llegan nuevas energías, expulsamos las antiguas. De este modo, también sentimos las que salen del cuerpo. Ahí es donde deseo llegar: **cuando las viejas energías abandonan el cuerpo, las sentimos tal y como son,** con la información vibratoria que transportan, por lo general, desagradable.

Por ejemplo, en la meditación sobre la eternidad, alrededor del día veinticinco, la sentiremos y disfrutaremos del proceso, pero cuantas más vibraciones de eternidad instalemos, más vibraciones opuestas expulsaremos. Y todo eso, incluidos miedos y *samskaras,* lo experimentaremos igual que cuando entra. Podemos notar que el proceso de instalar nuevas vibraciones es satisfactorio porque nos sentimos a gusto y entendemos esa buena sensación como una señal de que el proceso va bien. Pero, entonces, muchos sentimientos desequilibrados y desagradables captan nuestra atención, alzándose desde la parte inferior (el subconsciente está en el estómago y la consciencia en la cabeza) y nos sentimos como si hubiéramos hecho algo malo, por lo que tratamos de intensificar la meditación para atrapar el sentimiento, que ya no nos llega igual que antes.

Sabemos que es un péndulo que va hacia delante y hacia atrás y ahora estamos entendiendo una de las razones por las que existe esta ley, la ley del ritmo. Mientras «vamos hacia atrás», les damos a las vibraciones antiguas tiempo para abandonarnos y las sentimos mientras se marchan. Al notar los síntomas de enfermedad, la energía de dicha enfermedad está saliendo de nosotros. Cuando el cuerpo toma medidas para luchar contra ella y ésta, con sus energías, abandona el cuerpo, lo experimentamos en forma de síntomas. Al percibir la marcha de vibraciones antiguas, no hay necesidad de sentir pánico o pensar que hemos dado marcha atrás o que algo ha ido mal, sólo debemos continuar hacia delante. Un día los sentimientos desequilibrados y desagradables desaparecerán como si nunca hubieran existido y nos sentiremos limpios, distintos (en el buen sentido). Ésa es una señal de que la instalación de nuevas energías y la desinstalación de las antiguas se ha completado con éxito. La nueva sensación formará parte de nosotros. Esto significa que no siempre vamos a sentir eternidad. Al ser parte de nosotros, la sentiremos sólo cuando entre o salga.

¡Acostúmbrate! La sensación de las energías yendo y viniendo es algo natural y necesario. Ten paciencia, no luches contra ella ni trates de retener lo que te está abandonando.

~~~

Distintas personas tienen **maneras diferentes** de contactar con la información sutil. Algunas podemos visualizar con facilidad cualquier cosa, otras pueden sentirlo todo, etc. Igual que tenemos los cinco sentidos en la realidad física, contamos con lo mismo en la sutil. Para algunos de nosotros, parte de esos sentidos sutiles están más activos que otros. Hay que ceñirse a las instrucciones de los ejercicios cuando visualizamos o sentimos, pero también debemos tener en mente que todos somos sensibles de distintas maneras.

El modo en el que recibimos información de los niveles sutiles es la forma en la que somos sensibles. Yo, por lo general, siento lo mismo que la persona frente a mí (reflejo). Noto el reflejo del estado del aura de la persona u objeto al que le presto atención interna o externa. Poseo una retroalimentación interna que funciona siguiendo el mismo principio; sólo que, al meditar, lo hago de manera deliberada y durante mucho tiempo. Puedo incluso interpretar y entender mejor lo que la persona está experimentando.

Cuando pienso en algo, aparece en forma de sentimiento intuitivo al que le falta el lenguaje del entendimiento (de la mente), pero sé con exactitud qué significa. Algunos de vosotros sentiréis lo mismo que yo y otros recibiréis la información de manera distinta. No pasa nada. Lo que necesito dejar claro aquí es que es normal que alguien tenga dificultades para efectuar un ejercicio en concreto. Sea cual sea tu tipo de sensibilidad, es el mejor para ti, para completar tu camino (si algún día decides recorrerlo). Además, cualquier tipo de sensibilidad que se relacione con los cinco sentidos puede desarrollarse y parte del propósito de los ejercicios es hacer precisamente eso.

Haz sólo una actividad cada vez

El reflejo es la manera en la que nuestro cuerpo reacciona de forma mecánica ante algo, ya sea desde el nacimiento (como las arcadas) o por una costumbre adquirida como sentir estrés cada vez que un jefe enfadado nos llama. Esto mismo ocurre con los ejercicios y el trabajo energético. Si realizamos de manera correcta el ejercicio de la vela, cada vez que pensemos en hacerlo, enseguida nos sumiremos en el estado alfa. Ya lo he dicho antes, pero es importante llevar a cabo el ejercicio de la manera en la que está descrito. Si lo hacemos mal o añadimos modificaciones o detalles secundarios, se convertirán en parte del reflejo.

Conocer cómo funciona el reflejo puede ayudarnos en el futuro, cuando queramos crear un botón que active el estado deseado. Las personas que practican los viajes astrales crean tres niveles de botones que activan el reflejo de viaje automáticamente. Sin embargo, mientras estamos aprendiendo, es mejor mantener el principio KISS y evitar crear reflejos.

Otro principio que me gustaría presentaros es el de la **ventana al futuro** (es como lo llamo yo). Se produce así: después de completar un cierto potencial y alcanzar el vacío, se nos regala u otorga un estado elevado. Dicho estado abre muchas ventanas pequeñas llenas de diferentes nociones y buenas sensaciones. Mientras estamos en este estado, sentimos que hemos recibido un regalo del universo, algo para lo que nunca hemos trabajado, pero que quizás siempre hemos querido. Cuando nos sentimos seguros y cómodos en ese estado, la imagen o experiencia desaparece y nos quedamos sólo con los recuerdos. Así es como surgió este libro. Vi que estaba preparado y que ayudaría a otras personas, lo que me hizo sentir bien, por lo que comencé a escribir al día siguiente.

Debo decir algunas cosas sobre ese estado. Primero, nos enseña hacia dónde debemos ir, cuál es nuestro camino. Por ejemplo, durante la «experiencia», nos sentimos muy generosos y amables (queriendo, preocupándonos o sólo siendo buenos creando esferas energéticas), pero nuestro estado normal es mucho menos amable y generoso, quizás incluso lo contrario. El universo nos muestra el siguiente objetivo. Aunque intentemos recrear la sensación, no podremos hacerlo porque este «espectáculo» procede de Dios y sus acciones no dejan impresiones ni *samskara*. Es lo segundo que debemos aprender sobre este estado.

Lo tercero es que si seguimos trabajando para llegar al lugar que vimos en el «espectáculo», en las ventanas abiertas hacia el futuro, llegaremos a esa etapa y se volverá permanente. En cuarto lugar, podemos alcanzarla sólo si seguimos el camino que el universo nos ha pavimentado. En otras palabras, nosotros no podemos elegir la ruta por la que vamos a llegar hasta allí. Cada uno de estos subprincipios puede considerarse un principio en sí, al menos el último: **podemos elegir el destino, pero no la ruta.**

Sobre la impresión que ya hemos mencionado y la falta de ella, cada vez que recibimos un mensaje que parece claro y verdadero, pero que después de un tiempo no logramos recordar, significa que era un mensaje del universo. No podemos recordarlo porque no deja impresión. Con todo lo que hacemos, creamos impresiones en la realidad y, en la mayoría de los casos, también karma (bueno o malo). Sólo al seguir la voluntad universal, cuando Dios está creando y actuando a través de nosotros, no dejamos impresiones. Al decir que Dios actúa a través de nosotros, no nos referimos al Dios supremo, sino a la partícula divina que es tu verdadero yo. Éste es el camino del amor, el camino personal del amor y el altruismo. La motivación de tu verdadero yo reside en el amor incondicional, en hacer lo que quieres y lo que mejor se te da para que el planeta se convierta en un lugar más agradable. Como dice mi maestro (y el de otras personas), necesitamos vivir la vida de manera que, cuando nos marchemos de la Tierra, sea un poco mejor de lo que era.

EJERCICIO PRINCIPAL

LA CAMPANA

Tiempo y duración
Todos los días durante quince minutos en total.

¿Qué hacer?
Visualiza una campana y muévela en tres direcciones distintas, durante cinco minutos cada una, antes de volver al punto inicial.

¿Cómo hacerlo?
Lleva a cabo este ejercicio mientras estés de pie. Imagina una campana (sin el badajo), una grande, del tamaño de tu cuerpo. Dentro de la campana hay un cono afilado con el lado puntiagudo hacia abajo. Si estuvieras en la campana, verías que el cono te señala a ti. Ahora, usando la imaginación, coge la campana y colócala sobre tu cabeza, de manera que el pico del cono caiga sobre tu glándula pineal, como si la campana estuviera sobre ti y el único punto de contacto del pico se encontrara sobre la glándula pineal (no te concentres en la física). Puedes imaginar que dentro de la campana hay dos asas para elevarla.

Cuando la campana esté en su lugar, mantén la atención en el punto de contacto (recuerda, durante todo el tiempo), sujeta las dos asas imaginarias de la campana y comienza a moverla hacia delante y hacia atrás, una y otra vez, durante cinco minutos. Luego, hazlo de derecha a izquierda, una y otra vez, durante cinco minutos. Por último, gírala en dirección a las agujas del reloj y al contrario, una y otra vez, durante cinco minutos. Quince minutos en total.

Cuando termines, borra la campana. Si sientes una actividad muy intensa en la glándula pineal, cambia la mente para que se sumerja en una tarea analítica (en otras palabras, activa la parte izquierda del cerebro). Realiza el ejercicio de la vela y el de las esferas energéticas para equilibrarte.

¿Qué no hacer?

- No imagines nada sobre la glándula pineal o la campana. Ningún símbolo ni palabra, mucho menos caras.
- No hagas el ejercicio más tiempo del indicado: cinco minutos hacia delante y hacia atrás y cinco minutos hacia cada lado, como máximo.
- No lo hagas cuando te vayas a ir a la cama.
- No te centres en lo que abandona tu cuerpo.
- No te concentres en el aspecto físico.
- Si tienes visiones descontroladas de tu vida y ves cosas, NO HAGAS ESTE EJERCICIO. Encuentra a alguien que te ayude a aprender y gestionar las visiones.

¿Cómo y cuándo sabré que está funcionando?
A la hora de hacer el ejercicio, puedes sentir que una flor se abre en tu cabeza (no busques demasiado la sensación de la flor, es sólo una señal). A largo plazo, puedes experimentar más energía, calma y equilibrio.

¿Por qué lo hago?
Quizás sea el ejercicio más potente y eficaz del libro. La glándula pineal es un órgano sacro que está conectado con el séptimo chakra. Mientras hacemos el ejercicio, se activa la glándula pineal y comienza a equilibrar el cuerpo, a limpiar la energía negativa. Despierta parte de nuestra energía interna y ayuda a abrir el séptimo chakra. La tarea sobre la glándula pineal sume al cuerpo en un estado alfa después del cual nos sentiremos mareados o adormilados. Me gustaría dejar que descubrieras por ti mismo el resto de los efectos mágicos de este ejercicio.

Si no puedes realizar el ejercicio todos los días o durante quince minutos seguidos, haz menos. Después, hablaremos de una práctica para limpiar miedos que hará que este ejercicio sea más agradable. Hasta entonces, muéstrate fuerte, pero moderado.

El proceso de limpieza quizás sea desagradable. Las energías surgen y pueden ir acompañadas de molestas experiencias previas. Es muy importante no prestar atención a lo que abandona el cuerpo, así como hacer los ejercicios de la vela y las esferas energéticas para calmar algunos de los efectos del ejercicio de la campana.

Resumen

Este ejercicio es poderoso y quizás te haga experimentar nuevas sensaciones, pero estimular el despertar de la glándula pineal con este método ayuda a limpiar y equilibrar los cuerpos de forma muy eficaz. Toca la campana…

EJERCICIOS COMPLEMENTARIOS

ESFERAS ENERGÉTICAS (MENTE)

Tiempo y duración
Igual que el ejercicio de las esferas energéticas.

¿Qué hacer?
Con la mente, comprime una esfera energética y muévela.

¿Cómo hacerlo?
Piensa en las veces que has realizado el ejercicio de las esferas energéticas del que ya hemos hablado. Ahora, dirige este recuerdo a un punto en el aire y permite que el prana se convierta en una esfera de energía. Mientras hacías el ejercicio anterior con

las esferas energéticas, estabas creando un reflejo. Si evocas en tu memoria la compresión de una esfera, sobre todo un momento en el que lo hayas hecho muy rápido, usando el reflejo de tus recuerdos, quizás puedas comprimir la energía en una esfera sólo con la mente. Si no lo logras, no te preocupes. Hazlo lo mejor que puedas.

Cuando tengas la esfera, colócala en una de las palmas y permite que siga la ruta que tan bien conoces. Por el brazo desde la mano, tras el cuello y hasta la otra palma por el brazo contrario. Desde ahí, regresa a la mano original y vuelta a empezar. Haz diez ciclos. Luego, coloca la esfera en la otra mano y repítelo otras diez veces. Ahora, amplía la esfera hasta un tamaño más grande y permite que entre por la parte frontal de tu cuerpo y salga por la posterior. Luego, que entre por esta última y salga por la primera, como un columpio. Recuerda cómo se hacía cuando usabas las manos, igual que se indica anteriormente en el libro. Detenla en la parte central del cuerpo y permite que suba y baje por esa línea diez veces.

Si la esfera se pierde, haz una nueva. Si te resulta difícil crear una con la mente, comprímela con las manos, pero trata de moverla con la mente.

Ahí es donde terminamos. Dejamos ir a la esfera o la comprimimos más aún, hasta el tamaño de una pelota de tenis de mesa, hasta que se vuelva roja por la compresión. Coge la esfera e introdúcela en el cuerpo, bajo el ombligo, antes de dejarla ir al lugar donde más energía necesites.

¿Qué no hacer?

- No cambies la ruta.
- No cambies la forma. Debe ser una esfera.
- No imagines que las esferas tienen un color concreto.
- No uses nada, excepto la mente, para mover las esferas.

¿Cuándo y cómo sabré que está funcionando?

Cuando hayas logrado crear las esferas y obedezcan a tu mente, lo sabrás. En algún momento, las esferas se moverán por sí solas.

¿Por qué lo hago?

Recuerda que hace mucho tiempo, al principio del libro, hablamos del poder de la concentración o de la fuerza de voluntad y de que tenemos que desarrollarlas para que las energías cooperen con nuestra voluntad y podamos dominarlas. Si te esforzaste entonces, verás ahora que eres tú quien las controla. Será útil cuando lleguemos a la limpieza energética posterior.

Resumen

Mover las esferas con la mente te ofrecerá un control activo sobre las energías.

JUEGO DE MANOS DE TAICHÍ

Tiempo y duración

Una vez al día, de diez a quince minutos.

¿Qué hacer?

Cerrar y abrir.

¿Cómo hacerlo?

De manera tradicional, el mejor momento para hacer este ejercicio es justo después de la postura erguida del taichí, pero puedes llevarlo a cabo en cualquier otro. Adopta la postura erguida del taichí, pero con la espalda un poco más cóncava o arqueada.

Deja que las palmas se toquen entre sí, como si estuvieras dando «gracias» o rezando. Para entender mejor la postura, permite que ambos antebrazos se toquen, desde las yemas de los dedos a los codos. Ahora, siente cómo tu pecho se vuelve cóncavo y la espalda se curva ligeramente hacia atrás. Coloca las manos a la altura del corazón. Con una inspiración, permite que la espalda adopte una postura recta y alza un poco la cabeza. Estira las rodillas y echa los hombros hacia atrás, como si fueras un muelle al que han presionado y se ha liberado con la inspiración.

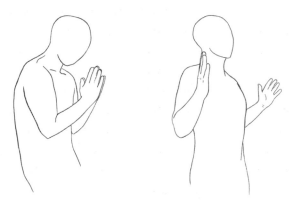

El movimiento real proviene de cuatro puntos: el cuello, las rodillas, la parte baja de la espalda y el centro de la columna vertebral. Durante el ejercicio, separa las manos, pero sólo como consecuencia del movimiento de las otras partes. Las palmas no guían el movimiento, lo siguen. Empuja hacia delante el centro de la columna, dejando que el pecho avance un poco, y echa los hombros hacia atrás. Este movimiento hará que se separen las manos. Mientras lo hacen, visualiza un cable energético que conecte los dedos en los lugares donde se tocaban entre sí, como si tuviéramos un chicle entre ellos. Al separar las manos, el chicle se estira. Al principio, concéntrate en la visualización de la sustancia que conecta los dedos, ya sea el chicle o los cables energéticos. Después, tras sentir el campo magnético, concéntrate mejor en él.

Cuando el muelle, tu cuerpo, se estira y abre a causa del movimiento, las palmas se desvían a los lados. Durante este movimiento de apertura, inspiramos. El movimiento se produce durante el tiempo que tardemos en inspirar, es decir, la duración de la respiración y la del movimiento están sincronizadas. En la espiración, volvemos a la postura original. Este último movimiento debe sincronizarse con la duración de la espiración.

Puedes intentar empezar moviendo sólo las palmas con la inspiración y la espiración, en vez de todo el cuerpo, para ver qué se siente, pero el ejercicio completo requiere que se muevan los cuatro puntos. Ábrete con la inspiración: las rodillas y la parte baja de la espalda ligeramente curvadas, el centro de la columna arqueado, los hombros hacia atrás, las manos hacia los costados y la barbilla arriba y abajo. La cabeza y el cuello serán los siguientes. Con la espiración, todo se mueve hacia el lado contrario, comenzando por el cuello y terminando por las rodillas. Recuerda concentrarte en el campo magnético entre las manos. Si no lo sientes, espera, ya llegará. Mientras tanto, observa el chicle…

¿Qué no hacer?
No permitas que tu atención se aleje del ejercicio: sigue centrándote en el espacio entre las manos y trata de sentir la energía magnética.

¿Cómo y cuándo sabré que está funcionando?
Sentirás algún flujo, un campo magnético o una sensación cosquilleante u hormigueante entre las palmas y en ellas. Cuando los sientas, concéntrate en ellos y en el movimiento energético del cuerpo. No fuerces dicho movimiento, deja que sea natural. Quizás haya momentos en los que notes el campo magnético sin que el cuerpo avance, como si estuviera bloqueado. No pasa nada. Permanece en esa posición y espera.

¿Por qué lo hago?

Para abrir los canales, aumentar la cantidad de energía que puedes canalizar y ayudar con otros ejercicios. Aunque es importante para todos, será muy valioso para aquellas personas que quieran usar la energía para curar a otros. También ofrece un desarrollo interesante para el futuro.

Resumen

Utiliza la potente postura erguida del taichí para trabajar con el campo magnético y aumentar la energía que puedes canalizar.

RESPIRACIÓN DE COBRA

Tiempo y duración

Una o dos veces al día, de tres a cinco minutos.

¿Qué hacer?

Siéntate en una postura cómoda y respira. Produce un ruido específico.

¿Cómo hacerlo?

Lleva a cabo el ejercicio de respiración alterna. Adopta tu postura de meditación favorita. Mantén las manos con los dedos entrelazados sobre el regazo. Con lentitud, al inspirar, echa la cabeza hacia atrás todo lo que puedas mientras sigues notando la sensación de relajación. Deposita la atención en tu garganta, en el centro, donde la parte suave de ésta se encuentra con la parte superior de los huesos del pecho.

Ahora, respira y escucha los sonidos que surgen. Es como si hubiera menos espacio para el aire de la garganta, por lo que está más concentrado y comprimido. Si no oyes el sonido, coloca una de las manos en ese punto de la garganta y presiónalo con suavidad. Sigue respirando y juega con la mano. Colócala en distintos puntos. Buscamos una respiración que emita una especie de ronquido o como si alguien estuviera respirando a través de una mascarilla con filtro. Al final, vuelve al punto inicial con la cabeza mientras espiras, con lentitud y cautela.

Si no logras emitir el sonido deseado, adopta la postura conocida en yoga como cobra *(bhujangasana)* y trata de respirar y efectuar el sonido mientras realizas esa pose. Cuando te familiarices con la respiración, el sonido y la sensación, podrás llevar a cabo el ejercicio sin adoptar la postura de la cobra ni echar la cabeza hacia atrás.

Haz que la inspiración y la espiración sean igual de largas. Entre ellas, retén el aire o permanece sin él unos segundos. Prueba lo siguiente: inspira durante cinco segundos, retén el aire durante tres y espira durante cinco. Haz el sonido tanto al inspirar como al espirar. Concéntrate en el centro de la garganta, por encima del esternón.

Con la última inspiración, deja caer las manos a cada costado y después elévalas, como si estuvieras dibujando un círculo a tu alrededor. Permite que las manos se encuentren sobre tu cabeza y junta las palmas. Mientras lo haces, levanta la mirada hacia el punto en el que se unen tus palmas. Estos dos movimientos se deben realizar de forma simultánea. Con la espiración, baja las manos en línea recta y detenlas a la altura del pecho, en *anjali mudra*. Permanece así unos momentos.

¿Qué no hacer?

- No uses la voz para emitir el sonido.
- No fuerces la garganta.

¿Cómo y cuándo sabré que está funcionando?

Esta respiración se puede efectuar durante una práctica corriente de *hatha* yoga. La forma de respirar despierta el elemento fuego. Nuestro pecho y garganta se calientan. Es el movimiento de la energía por el cuerpo el que causa dicho calor. Cuando lo sientas, sabrás que está funcionando.

¿Por qué lo hago?

Este ejercicio despierta la *kundalini* (en ciertos niveles: *véase* más adelante) y yergue la columna vertebral. Cuando la *kundalini* se despierta, equilibra y limpia el cuerpo y los centros energéticos (además de equilibrar las energías masculina y femenina). Ya sabemos que tenemos cuerpos energéticos, aparte de, por supuesto, el físico. Primero, debemos limpiar este último a través del aseo, el ejercicio físico y una dieta adecuada. Luego, procederemos con los sutiles. El primero que debemos equilibrar es el emocional y, después, el mental. Mientras equilibramos y limpiamos esos cuerpos, adquirimos la comprensión, el comportamiento y los hábitos correctos. Nos volvemos más serenos, mejores personas (con suerte).

La *kundalini* es el flujo de energía que corre desde la raíz de nuestra columna vertebral a la coronilla. Al trabajar en nuestro cuerpo mental y emocional, mejoramos el flujo de la *kundalini* y ayudamos a que el de la energía alcance un estado más elevado. El despertar completo de la *kundalini* se produce cuando se alcanza el chakra más alto, el de la corona, cuando el resto de los cuerpos y chakras están equilibrados. Sin embargo, esta energía *kundalini* siempre adopta un movimiento ascendente por la columna, con independencia de si hemos alcanzado o no el punto en el que despierta.

Según el principio de correspondencia («lo que está arriba está abajo»), tenemos estructuras básicas que se repiten. El sistema solar tiene la estructura de un sólo astro en el centro y el resto moviéndose a su alrededor. Si subimos un nivel, vemos que nuestra galaxia y el propio universo tienen la misma estructura. Si lo bajamos, observamos que el átomo cuenta con la misma estructura. Cada una de nuestras células contiene un código completo de ADN. Cuando meditamos, en nuestro interior podemos alcanzar lo que está en el exterior.

El mismo principio se aplica a los chakras. Si pensamos en el sistema con los siete chakras más conocidos, percibimos que cada chakra tiene siete subchakras que reflejan la misma estructura de los siete «principales». Y si seguimos avanzando, todos los siete chakras son subchakras de un plano superior que también tiene siete chakras. Por supuesto, lo mismo ocurre con los cuerpos. Cada uno tiene subcuerpos. En este libro hemos hablado de cuatro: el físico, el etérico, el emocional y el mental. Sin embargo, por lo general, en las prácticas esotéricas nos gusta tener siete de cualquier cosa. Por eso, los cuerpos, planos energéticos o niveles de consciencia son siete y cada uno tiene siete subplanos.

Este libro sirve para entender el papel de la estructura sutil y equilibrarla. Todos los ejercicios están diseñados para darte las herramientas o equilibrar los cuerpos. Después de terminar este manual, tendrás la información esencial para adquirir dicho equilibrio. No hay necesidad de que te dé más información sobre la *kundalini,* aparte de la que ya te he presentado. Si estás en el camino del desarrollo espiritual, esta energía te acompañará en todos los niveles y más allá de los cuerpos descritos aquí.

Resumen
Despertar el fuego interno a través de la respiración de la cobra para activar la limpieza y alcanzar el equilibrio.

Respirar (olfatear)
como los perros

Tiempo y duración
Una vez al día durante todo el tiempo que puedas.

¿Qué hacer?
Olfatear como un perro.

¿Cómo hacerlo?
Debes sentarte para hacer este ejercicio. Ten en cuenta que, al principio, no debes hacerlo de forma demasiado intensa. Lleva a cabo la respiración alterna.

Cuando termines, concéntrate en la nariz, sólo en la nariz. Comienza a respirar de manera que se muevan las fosas nasales. Cuando inspires, se contraerán y, cuando espires, se abrirán. ¿Recuerdas cómo se mueve la nariz de los perros cuando olfatean algo, emocionados? Esto es igual.

La respiración debe ser rítmica y la inspiración y la espiración tener la misma duración. Pueden ser largas o cortas, ahora mismo no importa, lo que te haga sentir a gusto, pero deben ser iguales.

Llegará un momento en el que sientas que sólo eres nariz. No hay nada, excepto la nariz y el proceso de olfateo (respiración). Durante dicho proceso, trata de relajarte. No te resistas si sientes que cierta energía sale de tu cuerpo. Cálmate. Deja que fluya.

¿Qué no hacer?
No lo hagas mientras estés de pie o tumbado.

¿Cómo y cuándo sabré que está funcionando?
Cuando, tras él, te sientas más ligero, una especie de alivio emocional.

¿Por qué lo hago?

Durante este ejercicio, como en los anteriores, limpiamos nuestros cuerpos energéticos, despertamos las energías internas y los equilibramos.

Resumen

Alivia los bloqueos energéticos y emocionales al «olfatear».

Gestión de la energía

En la sociedad moderna, la palabra «energía» va asociada a combustible. Necesitamos energía para seguir adelante, pero intentemos entender el concepto de manera más amplia, desde una perspectiva mayor. Hay muchos tipos de energías. Hemos visto que las vibraciones definen la calidad de la energía. Usamos el término «energía» porque Dios es energía, siempre está en movimiento, igual que nosotros y todo lo que nos rodea. Todo es energía. Cuanto más profundizamos en el entendimiento de las realidades sutiles, más nos damos cuenta de esto.

¿Por qué la energía es tan importante que debe gestionarse? Dos aspectos tienen gran relevancia para las personas sensibles: la cantidad y la claridad. En otras palabras, necesitamos tener bastante energía y que ésta sea compatible con la nuestra.

Hemos hablado sobre métodos para robar energías y cómo las malgastamos en emociones negativas y creencias falsas. Veamos este tema en profundidad.

La manera más clásica de dar energía es prestando atención. Alimentamos aquello a lo que miramos, sean personas, objetos o situaciones del exterior, así como preocupaciones, miedos, alegrías, felicidad o pensamientos internos. Las personas con déficit energético utilizan esta estrategia para mantener tu atención ligada a ellas. Después de atraparla, la retienen contra tu voluntad, incluso cuando la conversación se ha acabado y estás lejos, siguen vinculadas a ti. Es cierto: la conexión no se rompe.

Esas personas lo hacen porque necesitan energía, pero se perjudican a sí mismas. Lo mejor para cada persona es vivir de sus propias energías. Este aspecto es el de claridad. Para nosotros y para cualquier otro individuo del planeta, lo mejor es usar las energías propias. Las energías tienen vibraciones y dichas vibraciones son el carácter de la energía. Cada uno tenemos nuestra propia personalidad, intenciones o procesos sutiles que dejan huella en nuestra energía. Cuando tomamos o damos energía, lo hacemos con todo el conjunto de características e impresiones. Mi energía no es buena para ti y la tuya no lo es para mí.

Esas conexiones no se consiguen sólo con conversaciones o robando energía. Paseamos por la calle y nuestros cuerpos sutiles se tocan; así es cómo intercambiamos energías. Pasamos junto a decenas de personas al día, por lo que hay decenas de huellas diferentes en nuestros cuerpos sutiles (aura). Cruzamos nubes de emociones y pensamientos de otros y visitamos habitaciones y edificios con energías de carácter negativo. Entramos en contacto con los demás en el plano físico. Pensamos en ellos. Todas nuestras interacciones son un intercambio de energía.

Una locura, ¿eh? Ahora empezarás a darte cuenta de cuánto absorbe tu sensibilidad como si fuera una esponja, cuánto sientes en realidad. Incluso después de que se acabe la interacción, sigues sintiendo las energías de los demás sobre y alrededor de ti. Sin embargo, hay una solución sencilla, así que no temas.

Nuestro objetivo es tener hoy más energía que ayer y mantenerla limpia de la de otros. Hay una cantidad ilimitada de energía a nuestro alrededor, energía no manifestada que no tiene impresiones. La atravesamos a todas horas. Cuando estamos dentro, lo cubre todo. Los centros de nuestros chakras absorben esta energía, la procesan y distribuyen por las áreas relevantes del cuerpo. Respiramos, comemos y bebemos dicha energía a la que llamamos prana, como ya hemos visto.

Cuando meditamos, hacemos la postura erguida del taichí, la rueda de poder, el ejercicio de las esferas energéticas, las manos etéricas, el haz de luz o la campana, acumulamos energía. Todos son ejercicios para traer energía o abrir canales (algunos tienen ambos propósitos). En este momento, somos conscientes de las sensaciones que produce la energía mientras estamos haciendo esos ejercicios. Ya sabemos cómo atraer más energía a nuestro sistema. Seguiremos trabajando en el equilibrio para que esta energía no se malgaste con emociones o pensamientos negativos o para que otros no nos la roben. Por ahora, estos pensamientos y emociones deben haberse reducido de manera significativa. Sólo tenemos que aprender a limpiar energías indeseadas (básicamente todas, excepto las nuestras) y entender que compartir o dar energía no es buena idea.

Vivir con nuestras propias energías es esencial. Compartirlas u ofrecerlas sería como recibir nuestra medicación en el hospital y decidir regalarla o intercambiarla. Por supuesto, habrá momentos en los que tendremos que resonar con otras personas. Nos gusta involucrarnos físicamente y pasar tiempo con aquéllas a las que queremos y nos importan. Deseamos conocer a gente que nos inspire, vivir una vida conectada.

Necesitamos prestar atención a los vínculos con otras personas y con nosotros mismos. ¿Bebes de la energía de otros? ¿Quiénes son los que en tu vida te roban la energía? ¿Por qué crees que se la das? ¿Cómo justificas darles energía? La gestión de la energía es un proceso consciente, por lo que debes ser responsable de la situación.

Cuando las personas absorben nuestra energía, rara vez lo sentimos en ese momento. Al entablar una conversación agradable con alguien que tiene alguna necesidad, durante la charla nos sentimos útiles. Sin embargo, en cierto momento o después de la conversación, notamos lo cansados que estamos y nuestro ánimo decaído. ¿Por qué nos sentimos así si hemos tenido una buena conversación que nos ha hecho sentir «motivados»? Si reflexionamos sobre nuestros sentimientos, descubriremos que ocurre cada vez que alguien absorbe nuestra energía porque en realidad es una ilusión que procede del exterior, no de nuestro interior. Lo mismo ocurre cuando bebemos alcohol. Todas las ideas parecen razonables y «motivadoras». Si sabemos cómo descubrir esa falsa «motivación», reconoceremos al instante cuándo nos absorben energía.

Esto es lo que se siente cuando nos utilizan por nuestras energías o las de los demás han dejado huella en las nuestras. Hay una sensación de victimismo que disfrutamos en el momento de la acción, pero que después nos debilita.

Piensa en la «pena» y la «rabia», dos de las emociones que otras personas provocan en nosotros. Nos roban energía. Piensa en una discusión iracunda (da igual si perdiste o ganaste) o en una persona a la que ayudaste o a la que diste dinero porque sentiste pena por ella.

Tal vez seas sólo amigo de alguien para llamar su atención o conseguir su energía o tú mismo lo seas para que ese alguien absorba tu energía. Mientras, actúas como si quisieras agradarle, en otras palabras, buscas su aprobación. Tal vez tus padres o jefes te hagan sentir que no están satisfechos contigo. ¿Cooperas? ¿Crees que su opinión es importante e intentas ganar su aprobación con acciones y elecciones? Si la respuesta es sí, eres un esclavo. ¡Libérate! Sólo tú importas. Si crees que eres un buen trabajador o que seguir el corazón, en vez de la cabeza, es el camino correcto para ti, recórrelo. No necesitas la aprobación de nadie. Incluso si te equivocas y el camino que escoges es el erróneo, es tu lección y decisión. Las personas que te rodean y te quieren ayudan a que te des cuenta de lo que deseas, lo que es correcto y lo que está bien, pero nunca deberían obligarte ni tú deberías buscar su aprobación.

Cree en tu libertad, integridad y habilidades. Nadie tiene el derecho a esclavizar tu voluntad. Somos criaturas libres. Ésta es, desde mi punto de vista, la ley principal y más importante del universo: *la libre voluntad y el derecho de elegir*. Ningún sanador real, maestro espiritual o esotérico te ayudará si es en contra de tu voluntad o bienestar.

La libertad tiene también un significado mucho más amplio: se trata de todas las nociones a las que nos supeditamos. Por ejemplo, ser un buen católico supone no disfrutar del sexo (cambia esos términos por cualesquiera que se apliquen a ti). Tenemos esas creencias que nos encarcelan, sobre las que nunca hemos reflexionado y de las que somos súbditos. No significa que tengamos que desobedecer o hacer una revolución, si crees que tus acciones son correctas, adelante con ellas, pero no te sometas a la creencia que se encuentra tras éstas. En el camino de un buscador espiritual, descubrimos que hay leyes universales que nadie nos enseñó en el colegio. Quizás entren en conflicto con nuestro sistema interno de leyes, que la mayoría hemos adquirido a lo largo de nuestra vida y refleja normas y creencias sociales. El núcleo de nuestro sistema interno de leyes se adquiere desde que nacemos hasta que tenemos cinco años, cuando pensamos que todo lo que nos cuentan los adultos es verdad.

Después, los sistemas sociales y de gobierno añaden capas de información. Cuando nos encontramos con las leyes espirituales, las vemos a través del prisma de nuestro sistema original. Lo interesante es que la mayoría examina y cuestiona el sistema espiritual de leyes o cualquier otro sistema nuevo con el que nos topamos, pero nunca el original. ¿Cuál es el problema? En primer lugar, consideramos nuestro sistema original como una creencia fundamental, no como un conjunto relativo de reglas. Creer que algo es fundamental nos somete. Sin embargo, en realidad, somos almas libres con voluntad libre.

En segundo lugar, a veces las leyes sociales o políticas entran en conflicto con las espirituales. Lo correcto es, por supuesto, mantener el orden público y ser una persona sincera. Sin embargo, la clave está en no permitir que las nociones de las leyes sociales o políticas tengan poder sobre tu alma, igual que no deberías dárselo a otras personas, ideas, bacterias o virus. Eres libre por defecto, de la misma manera que, en tu corazón, hay amor por defecto. Nadie puede arrebatártelo, siempre y cuando no se lo permitas.

Esto nos aporta control. Cuando intentamos controlar algo, ya sea una persona, animal o situación, malgastamos mucha energía. Tratar de cambiar el curso de un asunto o de imponer nuestra voluntad sobre alguien está mal y es inútil. Esto también se relaciona con el libre albedrío. Si queremos que nuestro hijo no haga algo, háblale desde el corazón y la mente, pero no fuerces tu control sobre él.

Piensa en todas esas personas que tienen control sobre ti y en aquellas a las que controlas. ¿Cuánta energía necesitas para mantener a las personas que controlas en un cierto estado o para que se comporten como deseas? El control no es la respuesta. Encuentra maneras de inspirar o contar tus argumentos. Si no funciona, reza: «ojalá todo vaya bien…» antes de dejar a la otra persona tranquila.

Si controlas a alguien, aceptas la idea de control en general y eso te vuelve vulnerable al control de otros o al control que te impones a ti mismo. ¿Es posible que temas perder el control o que otros te controlen? Piénsalo.

Después de establecer una conexión y fortalecerla, cuando la conexión interna es lo bastante fuerte, el corazón te dirá hacia dónde dirigir tus energías. El lenguaje del corazón es la pasión, el deseo y el entusiasmo, las ganas de servir a otras personas y hacer que el mundo mejore al contribuir con tu partícula divina, tu parte de amor.

EJERCICIO PRINCIPAL

MEDITACIÓN DE CONEXIÓN INTERIOR

Tiempo y duración
Una vez al día durante veinte minutos y cuarenta días.

¿Qué hacer?
Adopta tu postura favorita de meditación, entra en trance, obsérvate como si fueras un bebé, quiérete y permite que ese amor regrese a ti.

¿Cómo hacerlo?

Adopta tu postura de meditación, coloca las protecciones y relájate poco a poco hasta que no sientas el cuerpo, tu entorno o cualquier otro límite. Sólo existe un tú incorpóreo. Cuando lo sientas, habrá llegado el momento adecuado. Piensa que estás en tu corazón (no en el físico) y te ves como un bebé, lo más pequeño posible, sólo unas semanas después del nacimiento o incluso unos días. Observa lo bonito que eres, lo sereno que estás, lo sabio y equilibrado. Ése eres tú al volver de tus aventuras en ámbitos más elevados a la vida terrenal, donde aprenderás nuevas lecciones. ¿Qué sientes por ese bebé? Si es amor, deja que el sentimiento crezca y te supere, que alcance cada célula de tu cuerpo. Permite que llegue a tu cabeza y se convierta en parte de tu manera de pensar: ve el mundo desde la perspectiva del amor. Después de veinte minutos, vuelve a la realidad, pero retén la sensación. Apaga las protecciones y sigue disfrutando del agradable sentimiento de amor.

La respuesta a la pregunta «¿Qué sientes por ese bebé?» es muy importante y puede permitirte entender tu vida. No hace falta decir que lo que sientas por ese bebé es igual a lo que sientes y ves en ti mismo. Cualquier sentimiento negativo o pesado debe limpiarse. Si tienes problemas más profundos contigo mismo, debes resolverlos lo antes posible.

La sensación que debes sentir es de amor. Lo tienes que sentir por el bebé y notar cómo te lo devuelve. Si no sientes nada, envía amor al bebé. Si no puedes, piensa en alguien que te quiera y dirige su amor hacia el bebé y hacia ti mismo. Si no puedes, ve más allá del bebé, vuelve aún más atrás. Debes decirte: «Regresa al momento en el que estaba conectado» (sólo recuerda volver).

Cuando estés conectado a ti mismo significará que estás conectado a Dios y notarás un flujo de amor. Todo lo que creamos tiene características o módulos incorporados, igual que nosotros. Uno de ellos es la conexión con Dios, con el amor. No podemos desconectarnos de la fuente. Esta conexión se encuentra en el corazón y la sentimos como un flujo de amor. No nos la pueden arrebatar. Quizás nos olvidemos de que existe, pero siempre está ahí. Además, cuando decimos: «Te has desconectado de ti mismo y de Dios» (que es lo mismo), nos referimos a que has olvidado esa conexión. Este ejercicio te lo recuerda y trata de devolver a tu vida las vibraciones de esta conexión. El amor siempre está en nuestro corazón, su flujo está ahí. Podemos darle la forma de una llama o luz y observarlo.

¿Qué no hacer?

No te preocupes si no sientes amor. Está ahí, sólo tienes que encontrarlo.

¿Cómo y cuándo sabré que está funcionando?

Cuando sientas amor.

¿Por qué lo hago?

Para recordar la conexión con Dios y devolver ese amor a tu vida. Vives en una realidad guiada por la información y las creencias de tu cabeza. Ésta es capaz de calcularlo todo (como mucho), pero nunca conoce el contexto completo. Aunque así fuera, la cabeza no sabe qué quiere o desea. Es una gran herramienta, pero no puede decirte qué querer. La mente es buena sirvienta, pero mala maestra, como dice un antiguo proverbio. La mente, la cabeza, no proporciona una guía real, una que esté de tu parte y sepa más que tú. Cuando devuelves a tu vida las vibraciones de este amor interior, comienzas a reevaluarlo todo. Con el tiempo, descubres cosas que amas y quieres. Llegas a un lugar al que siempre deseaste ir, pero nunca pudiste. Ahora estás ahí, mirando al mundo desde esta perspectiva, desde la de tu verdadero yo.

Conectar con el corazón nos da acceso a medios más elevados para comunicarnos y recibir información. Muchas veces, tenemos un cierto instinto o sensación en las entrañas al que llamamos, por error, intuición. De hecho, el lenguaje de la intuición empieza ahí. Es un entendimiento complejo, no sólo la sensación de algo bueno o malo.

Resumen

Conecta contigo mismo siendo un bebé y quiérete. Utiliza el amor que siempre ha estado en tu corazón al verlo como una llama o una luz.

EJERCICIOS COMPLEMENTARIOS

VER EL MUNDO COMO ES

Tiempo y duración
En cualquier momento, durante un par de minutos.

¿Qué hacer?
Ver el mundo tal y como es.

¿Cómo hacerlo?
Durante un instante, detén todos tus pensamientos y actividades. Levanta la cabeza y mira a la calle, contempla lo que ocurre en ella. Ahora, apaga tu huella, la costumbre de obligarte a permanecer en la realidad, aquella que tienes cada vez que quieres ver el mundo desde tu perspectiva, a través de tus ojos. Apágala y ve el mundo como si tu energía nunca hubiera influido en la imagen que estás contemplando. Observa las cosas como si nunca hubieras influido en ellas. Apaga tu juicio y percíbelas, no como si fueran malas o buenas, sino tal y como son.

Trata de alcanzar este estado, aunque te lleve tiempo. Sigue probando. Si no lo logras tras varios intentos, déjalo estar y vuelve más tarde. Cuando lo hayas logrado, sigue mirando el mundo con esa actitud: cero influencia, cero juicio, totalmente neutral.

¿Qué no hacer?

No te asustes, aún existes, pero ya no influyes en el mundo, sino que eres un espectador.

¿Cómo y cuándo sabré que está funcionando?

Cuando veas el mundo de manera diferente y obtengas esa respuesta interior, informándote de que te has liberado de intentar controlar la realidad en la que vives.

¿Por qué lo hago?

No prestamos atención a nuestras interacciones con el mundo y sus planos. Nos hemos acostumbrado a planificarlo todo con antelación, ir con el piloto automático sin cuestionarnos nuestra influencia e interacción con el mundo. No lo consideramos una acción mecánica, sino como libre albedrío o, a veces, como *samskara*. Cuando planeamos algo, ya estamos enviando parte de nuestra voluntad a la realidad, por lo que ésta estará diseñada para nosotros cuando lleguemos a esa etapa. Nos encontramos demasiado involucrados en la realidad. Despréndete de ella, déjala ir y sé libre. Libérate del control, el juicio, el miedo, la involucración y las impresiones.

Cuando puedas desconectar de la realidad, serás libre y sentirás alivio. Todo en lo que influyes te devuelve su influencia. No puedes controlar y ser controlado, no puedes juzgar nada, excepto a ti mismo.

Resumen

Observa el mundo sin colorearlo con pensamientos y emociones para que empieces a ver las cosas tal y como son.

Un paseo por el parque

Tiempo y duración
Cuando estés yendo a pie a algún sitio.

¿Qué hacer?
Libera tu cuerpo para que sea su propio guía.

¿Cómo hacerlo?
Cuando estés caminando a algún sitio (mejor si no tienes prisa), poco a poco despréndete del control sobre tu cuerpo y sus acciones. Deja que vaya solo mientras tú te dedicas a observar. Si lucha contra ti, no se lo permitas. Poco a poco, olvídate del control y permite que tu cuerpo haga lo que desee, como si te quitaras una pegatina vieja y molesta. Es probable que vaya a su destino original, pero lo hará a su propio ritmo. Es divertido, te gustará.

¿Qué no hacer?
No te asustes cuando lo logres.

¿Cómo y cuándo sabré que está funcionando?
Cuando te conviertas en un espectador externo de las acciones de tus cuerpos y permitas que tu cuerpo físico camine por sí solo.

¿Por qué lo hago?
Microgestionamos todo, lo que es poco saludable y agotador. Podemos confiar en que nuestro cuerpo cumpla sus acciones sin un control férreo. Paso a paso, despréndete de todo, porque tu cuerpo sabrá cómo realizar las acciones, lo que puede hacer mientras permaneces desconectado, sin intentar controlarlo.

Resumen
Relájate y descubre que tu cuerpo tiene el control, que su memoria es útil y puedes confiar en ella.

Respiración involuntaria

Tiempo y duración
Varias veces al día durante un par de minutos cada vez.

¿Qué hacer?
Siéntate y observa cómo respiras.

¿Cómo hacerlo?
Encuentra un momento en el que no tengas nada urgente que hacer. Siéntate en un rincón tranquilo. Respira hondo, inspirando y espirando varias veces, con mucha lentitud. Cuando te sientas más calmado, desconecta de la respiración y permite que sea un proceso involuntario. Observa cómo el cuerpo lleva a cabo esta acción. Si tu cuerpo desea respirar hondo o hacerlo de forma rápida y superficial, permite que lo haga. Sin tu intervención y control encontrará su equilibrio natural. Sólo necesitas aprender a observar sin tomar el control ni ponerte al mando.

¿Qué no hacer?
No prestes demasiada atención al proceso. Deja que sea natural.

¿Cómo y cuándo sabré que está funcionando?
Cuando dejes de sentir la necesidad de adaptar tu respiración o tomar el control sobre ella y te encuentres a gusto tal y como es.

¿Por qué lo hago?
El elemento de control es enorme en nuestra vida, pero al controlarlo todo, lo hacemos también con cosas que no debemos. Cuando permitimos desprendernos del control y pasar a ámbitos más elevados, nos sentimos más tranquilos y naturales.

Resumen

No necesitamos intervenir en las funciones del cuerpo. Cuando lo observamos así, conseguimos nueva confianza y conexión con él.

Nota: En las artes marciales, el cuerpo está entrenado. Al principio, el cerebro está presente y, después, ausente. En el combate, el cerebro debe estar totalmente ausente. En cuanto piensas, pierdes.

───────── ❧ ─────────

LIMPIEZA DE EMOCIONES

Tiempo y duración
Una vez cada pocas semanas o cuando lo necesites.

¿Qué hacer?
Eliminar la negatividad de las emociones y equilibrarlas.

¿Cómo hacerlo?
Elabora una lista de algunas emociones que quieras limpiar, digamos que tres intensas y tres débiles. Asegúrate de que nada ni nadie interrumpa el proceso. Reserva una hora e intenta no planear nada justo después. Si quieres, haz los ejercicios de la campana, las esferas energéticas y la vela antes de llevar éste a cabo. Te ayudarán a mantener la concentración durante un período más largo y permanecer en el estado alfa a mayor profundidad durante más tiempo.

Adopta una postura que te resulte cómoda para todo el proceso, quizás la de meditación o relajación. Entra en trance y coloca las protecciones. Pide a tu guía interior, a tu yo más elevado y a los ángeles que te ayuden en el proceso y te protejan. Pídeles que eviten que te hagas daño a ti mismo y te apoyen a la hora de limpiar las emociones y equilibrarlas. Haz las peticiones desde el corazón.

Cuando entres en trance, con las protecciones en su lugar y creas que han oído tus plegarias, debes decirte que estás en tu corazón y que quieres ir a tu lugar. No tengas expectativas, el lugar que aparezca será el correcto. Es tu lugar interior y nadie más puede estar allí. Si hay alguien más, pídeles a los ángeles o a Dios que lo retiren sin causarte ningún daño.

Ahora, contémplate en ese lugar, no desde el exterior, sino como si vieras el mundo desde tus ojos. Siéntate en la postura de meditación y pídele al haz de luz que surja y te rodee. Nota su protección, cómo te limpia y elimina todos los aspectos negativos mientras te sana donde sea necesario. Cuando te sientas preparado, permite que tu mente se deslice por el haz de luz y obsérvate en un ascensor, bajando una planta. Cuando se abran las puertas, verás una habitación redonda, quizás al estilo de un viejo templo maya (o lo que te guste), con una chimenea sin fuego en el centro.

Siéntate frente a ella, toma la llama de tu corazón y enciende la chimenea. Ve sus colores y siente su calidez. En general, disfruta del ambiente. Ahora, coge una de las emociones de tu lista y pásala por el fuego. Hazlo poco a poco. Puedes evocar la emoción o sólo pensar: «Ahora voy a extraer esta emoción del cuerpo y pasarla por el fuego».

Permite que éste elimine la negatividad de la emoción y la equilibre con amor. Cuando la emoción esté limpia, devuélvela a su lugar. Pídeles a los ángeles que te ayuden a comprender y equilibrar la emoción en tu vida real. Cuando atraviese el fuego, permanece relajado. Permite que lo que arda se desprenda y déjalo ir.

Después de haber llevado a cabo la misma limpieza para todas las emociones de tu lista, dale las gracias al fuego y devuélvelo a tu corazón. Presta atención a qué se siente al tenerlo de nuevo contigo. Coge el ascensor hacia tu lugar interior. Cuando llegues, contempla el haz de luz. Permite que te cargue, te limpie y equilibre. Tras terminar, dale las gracias al haz y déjalo ir. Mira a tu alrededor, a tu lugar, una

152

última vez. Volverás muchas veces en el futuro y ya habrás estado aquí muchas veces en el pasado.

Antes de volver, asegúrate de haber abandonado por completo la sala circular y de que ninguna parte de ti se haya quedado allí. Cuando estés preparado, poco a poco regresa a la realidad. Presta atención a tu cuerpo y a tu entorno. Vuelve a lo físico. Dales las gracias a los ángeles, a tu guía interior y a tu ser más elevado. Elimina las protecciones.

¿Qué no hacer?

- No hagas esta limpieza si no te sientes a gusto usando el haz de luz, entrando en trance y volviendo a la realidad.
- No dejes tu mente ni en tu lugar ni en la sala circular.
- No te sobrecargues. Si notas que después de limpiar una o dos emociones te sientes cansado, vuelve a la realidad.
- Si una de las emociones está contaminada por otra, como el miedo, y éste no te permite limpiar la emoción, déjala y procede con la siguiente. Sólo recuerda que esas dos emociones están conectadas.

¿Cómo y cuándo sabré que está funcionando?

Verás que no actúas como solías hacerlo. Las emociones vendrán y no les seguirá nada negativo.

¿Por qué lo hago?

Las personas, sobre todo las sensibles, tienden a «atrapar» energías de otras personas. La limpieza de las emociones nos devuelve al punto en el que nos encontrábamos antes de acumular o recoger esos «anexos» negativos. No sólo nos libraremos de ellos, sino que tendremos también la oportunidad de ver quiénes somos sin ellos.

Resumen

Limpia las emociones para verte y sentirte de nuevo. Perderás esos anexos que no son tuyos y te quedará la energía suficiente para equilibrar aquellos que sí lo son.

Ondas alfa

Igual que nuestra realidad tiene distintos planos de existencia, también nuestro cerebro trabaja con distintos niveles u ondas. Las dos que nos interesan son las alfa y las beta. Sabemos que una persona normal pasa la mayor parte del tiempo en estado de ondas beta. Como ya hemos mencionado, las alfa proporcionan a las personas sensibles un canal extra de información. Casi siempre, dicha información se basa en sentimientos y emociones, pero, a medida que avanza nuestro día, no nos sumergimos totalmente en las ondas alfa, por lo que recibimos información de este canal y también del beta. No obstante, si nos involucramos en actividades más relacionadas con lo físico o en aquéllas en las que el hemisferio izquierdo del cerebro es responsable, cambiamos a las ondas beta y toda la información procedente de las alfa, por así decirlo, se silencia.

No hay nada negativo o malo en las ondas beta, igual que no hay nada malo en la parte izquierda del cerebro. El problema está en el desequilibrio. Trabajar sólo con el lado izquierdo todo el tiempo es perjudicial y estar siempre en estado beta no es lo mejor porque nos perdemos una gran parte de la realidad. Vemos la creación de manera distinta si miramos el mundo desde el estado de ondas beta que si lo hacemos desde las alfa. El mundo físico se percibe a través de las primeras y los sutiles, de las segundas. Ambas son necesarias y esenciales. En resumen, vivimos en el mundo físico, por lo que necesitamos las beta, pero, como criaturas espirituales (y algunos como criaturas espirituales sensibles), también necesitamos las alfa.

Podemos acceder a esta parte sutil de la realidad al desviar el cerebro hacia las ondas alfa, que es donde, entre otras cosas, se encuentra nuestro subconsciente o, al menos, desde donde podemos acceder en el estado actual. Cada vez que nos preparamos para meditar, nos esforzamos por entrar en el estado de ondas alfa. Cuando nuestra glándula pineal se activa, nos sumimos en este estado, igual que antes de dormir o cuando nos sentimos soñolientos. A veces, podemos acceder al estado alfa de manera muy sencilla al acercarnos a alguien con el que tengamos buena resonancia y que también esté involucrado en prácticas esotéricas.

La realidad a la que accedemos con las ondas alfa tiene muchas ventajas, así como posibles peligros. Nuestros sentidos sutiles operan en este nivel. Por eso, si sabemos cómo, podemos comunicarnos con criaturas sutiles, como ángeles, amigos y familiares queridos que hayan fallecido, y con todo aquello que vive en los mundos sutiles. Nuestras habilidades psíquicas se desarrollan y se ponen en práctica desde este lugar. Muchos gurús y maestros se encuentran en este estado todo el tiempo y fusionan la conciencia con el subconsciente. Así es cómo y desde dónde ven el pasado y el futuro, además de entrar en contacto con mundos superiores y otras dimensiones.

Eso es lo que yo llamo la puerta «abierta» del subconsciente, cuando los acontecimientos, energías y criaturas pueden acceder a él con facilidad. Es un estado desprotegido para personas desequilibradas y para aquéllos con debilidad energética (por eso, es importante usar protecciones).

En este nivel, somos más receptivos, para bien y para mal. Lo peor es la vulnerabilidad. Nuestros traumas pueden volver y afectarnos en este estado, aparte de desencadenarse con mayor facilidad. Lo mejor es la capacidad de limpiar traumas, miedos y emociones. Desde ahí, podemos programar nuestra mente. Recuerda el cuerpo mental, la manera en la que pensamos y vivimos. Trabaja con vibraciones a las que llamamos pensamientos, siguiendo el mismo principio con el que opera el cuerpo emocional con las experiencias llamadas emociones. Tendemos a ver las reacciones emocionales como involuntarias y las mentales como actividad consciente, pero en realidad ambas están supeditadas a la programación previa ya «guardada» en nuestro subconsciente. El estado de ondas alfa es la clave para acceder a este subconsciente y, por eso, todos los ejercicios de limpieza profunda requieren que estemos en estado meditativo.

Ésta es la razón por la que tenemos que estar relajados (en estado alfa) cuando hacemos yoga, sanación, meditación y otros ejercicios energéticos. Su efecto es más intenso cuando nos encontramos en este nivel y la impresión en nuestras energías sutiles, más rápida y profunda. Por eso, cuando realices estas prácticas, deberías asegurarte de usar protecciones o de que el maestro lo haga. No obstante, con el tiempo, si sigues ejercitándote, dejarás de necesitarlas.

Después de acontecimientos importantes que nos cambian la vida y nos exigen un canal más amplio de información (dar a luz o tener una experiencia traumática, como un duelo o una pérdida de trabajo e ingresos), quizás descubramos que nuestra intuición se ha vuelto más intensa. Al mismo tiempo, tal vez nos sintamos preocupados a todas horas y descubramos que tenemos nuevos miedos, no siempre relacionados de forma obvia con el acontecimiento. La razón se encuentra en que nuestro cerebro ha cambiado al estado alfa. En cierto sentido, esto es importante y útil. Por ejemplo, ayuda a que las madres que acaban de tener un bebé sientan la conexión con él y sus necesidades. No obstante, junto con esto aparecen también los aspectos desprotegidos y descuidados del estado alfa. Así, las madres se ven expuestas a miedos irracionales y a una sensibilidad excesiva.

A veces, quizás meditamos durante lo que parecen horas, pero, cuando volvemos a la realidad, descubrimos que lo hemos hecho sólo durante veinte o treinta minutos. Además, cuando soñamos con los ojos abiertos, solemos sentir que pasa mucho tiempo, pero, al volver a la realidad, descubrimos que sólo lo hemos hecho unos pocos minutos, como mucho. El porqué se encuentra en que el flujo de tiempo del estado alfa es mucho más lento, por lo que experimentamos el tiempo de manera distinta.

~~~~

Nuestro consumo de energía en el estado alfa es muy bajo en comparación con el del estado beta. Podemos permanecer en el primero todo el día y no sentirnos cansados. Es como estar en un sueño. Por el contrario, unas horas de trabajo en el estado beta (pensando, planeando o calculando) gastan mucha energía.

El estado alfa es ése en el que se encuentran todas nuestras experiencias pasadas, positivas y negativas, y los traumas más importantes (o, al menos, desde donde podemos acceder a ellos). Cuantos más «residuos» tengamos aquí, peor será la comunicación con las realidades sutiles. Todos los estudiosos del desarrollo espiritual y las prácticas esotéricas tienen que empezar su camino con la limpieza de este espacio. Eso es lo que vamos a hacer ahora.

El subconsciente es el lugar por el que pasan todos nuestros conocimientos. Cuando aprendemos a conducir, por ejemplo, estamos conscientes, centrados en el proceso. Sin embargo, cuando ya sabemos, dicho conocimiento se convierte en una habilidad y pasa al subconsciente. En él, el conocimiento y la habilidad están conectados a cada acontecimiento y arte que hemos aprendido, incluidos los de reencarnaciones anteriores.

Repasemos los métodos para llegar al estado alfa que ya conocemos. Por una parte, tenemos el de la vela matutina, con el que observamos el aura de la llama de la vela, desenfocamos la visión, respiramos con lentitud y en profundidad, nos relajamos y vemos el campo. Por otra, está el de la campana, con el que movemos la parte superior del cuerpo en círculos, en sincronía con la respiración, mientras permanecemos sentados. Piensa en uno de ellos, el que hayas practicado más y recuerda cómo eres capaz de alcanzar el estado alfa en segundos. Cuando hacemos algo durante un tiempo, comienza a volverse una acción mecánica sólo con pensar en ella. Podemos usar este método para acceder al estado alfa cuando queramos. Para volver, sólo tenemos que pensar en algo, ya sea nuestro jefe, la lista de cosas por hacer o la respiración de manera consciente.

Es muy importante desarrollar la habilidad o, en otras palabras, practicar, para sumirnos en este estado todo el tiempo necesario. Cuando dormimos, atravesamos esa etapa, por lo que es muy difícil para la mente, al principio, no quedarse dormida. Quizás sepas por experiencia propia que meditar estando tumbados hace que nos durmamos. Cuanto más realices el ejercicio de la vela, impongas una fuerza de voluntad firme y «luches» contra el sueño, más capaz serás de permanecer en ese estado.

Dicho estado tiene niveles, de modo que, cuanto más fuerte sea tu «músculo de la voluntad», accederás a mayor profundidad y te mantendrás despierto. Será como si tu cuerpo estuviera dormido, pero tu conciencia no.

Es muy importante no improvisar mientras estamos en estado meditativo. Sabemos poco sobre este mundo y las criaturas que viven en él pueden aprovecharse de nosotros. Las personas con un ego grande pueden convertirse fácilmente en víctimas de estas criaturas. Adoptan cualquier aspecto, incluso uno que nos impresione y parecerse a alguien que viene a ayudarnos y apoyarnos.

Recomiendo encarecidamente que no entres en el estado meditativo sólo para «contemplar las vistas» o para tratar de encontrar a tu guía interior, leer los registros akáshicos, contactar con los ángeles o buscar sabiduría o guía. Hazlo sencillo. Ya sabemos cómo esta parte de nuestra existencia influye en nuestra vida y lo importante que es su papel. Ninguna criatura de luz va a aparecer en el ámbito sutil para ayudarnos. Si queremos las cosas, tenemos que pedirlas. E incluso entonces, no sabemos quién va a surgir y «ofrecernos» sus servicios. Recuerda: sólo las criaturas malvadas de los ámbitos sutiles se prestarán voluntarias a «ayudarnos».

Sin embargo, si te has sentido lo bastante «valiente» para ir allí sin tu guía interior y te has quedado atrapado con esas criaturas, utiliza tu fuerza de voluntad para deshacerte de ellas. Si no funciona, invoca el haz de luz e imagina que el amor puro te rodea. Pídele a la criatura que te deje marchar en el nombre de Dios. Parece una «película católica», pero es verdad. Huyen en cuanto oyen hablar de Dios.

Por cierto, si vas hasta allí y le pides a tu guía interior que aparezca, siempre acudirá alguien. Si tienes problemas con el ego, esta persona tendrá un aspecto magnífico y tu ego aumentará aún más. En nuestra cultura, ya conocemos esta noción. En los mitos y los cuentos, las criaturas imaginarias suelen ser bestias o almas con mala fe que se aprovechan de nosotros. Aparecerán ante todos los «viajeros alfa» inexpertos e inmaduros y, en ese momento, no tendremos las herramientas para identificarlas y tratar con ellas. Para llegar a nuestro verdadero guía interior, debemos liberarnos del ego (en el sentido en el que lo entendemos) y alcanzar un buen equilibrio. El amor debe formar parte de nosotros. En resumen, cuando accedas a las ondas alfa, no metas la pata.

EJERCICIO PRINCIPAL

LIMPIEZA DEL SUBCONSCIENTE

Tiempo y duración
Todas las veces y durante el tiempo que necesites.

¿Qué hacer?
Ve a un templo para la limpieza emocional y deshazte de los residuos.

¿Cómo hacerlo?
Como he dicho, debes empezar con este ejercicio, aunque sea raro, increíble y requiera cierta habilidad (como la de acceder al estado alfa sin quedarte dormido). Por lo general, se hace con

un maestro que te guía y te ayuda con su energía y protección. Sin embargo, desde el principio del libro, has hecho todo lo posible para prepararte, por lo que puedes intentarlo solo. Muchos de los pasos de esta limpieza se parecen al ejercicio de la limpieza de emociones, por lo que los reconocerás y quizás puedas hacerlos con facilidad.

Elabora una lista completa con tus miedos, dolores emocionales, culpas, arrepentimientos (sobre lo que hiciste o no hiciste) y resentimientos (recuerda esas emociones unidas a miedos de las que hablamos en la limpieza emocional).

Intenta volver atrás en tus recuerdos y añade a la lista todo lo que puedas evocar y esté relacionado. Entra en Internet y busca varias páginas de «miedo a…» para ver qué miedos resuenan contigo y añádelos a la lista. Lo más probable es que la que elabores no esté completa. Muchas de las cosas que necesitamos limpiar pueden encontrarse a gran profundidad. Si sigues haciendo el ejercicio de la campana, accederás a ellas. Es recomendable trabajar de forma minuciosa en este ejercicio con la lista que has elaborado.

Esta actividad consume mucha energía, así que asegúrate de no planear nada serio después. No empieces si estás cansado. Déjalo para un día libre o el fin de semana. No podrás limpiarlo todo la primera vez porque no tendrás los recursos energéticos necesarios, así que elige algunas cosas con las que resuenes mejor, no más de siete.

Asegúrate de que nada ni nadie interrumpa el proceso. Reserva una hora para completarlo. Si quieres, puedes ayudarte con el ejercicio de la campana, las esferas energéticas y la vela. Esto te permitirá llegar a un estado alfa más profundo y permanecer concentrado.

Encuentra una postura en la que estés a gusto durante todo el proceso. La de la relajación o meditación sería la ideal. Entra en trance e invoca las protecciones. Pide a tu guía interior, tu yo más elevado y los ángeles que te ayuden en este proceso y te protejan. Pídeles que eviten que te hagas daño y limpien y equilibren las emociones.

Cuando entres en trance, con las protecciones en su lugar y creas que han oído tus plegarias, debes decirte que estás en tu corazón y que quieres ir a tu lugar. No tengas expectativas, el lugar que aparezca será el correcto. Es tu lugar interior y nadie más puede estar allí. Si hay alguien más, pídeles a los ángeles o a Dios que lo retiren sin causarte ningún daño.

Cuando estés solo y todo se encuentre en su sitio, debes verte en tu lugar, aunque no desde el exterior, sino como si vieras el mundo a través de tus ojos. Siéntate ahí en la postura meditativa y pídele al haz de luz que aparezca para rodearte. Siente su protección, cómo te limpia y elimina todas las cosas negativas, además de sanar todo lo necesario. Cuando hayas terminado y te sientas preparado, permite que tu mente se deslice por el haz de luz y entra en un ascensor para bajar una planta. Cuando se abran las puertas, verás una habitación redonda, tal vez un templo maya, o cualquier otro sitio que te transmita fuerza, en el centro de la cual hay un pozo con agua limpia.

Siéntate frente al pozo y extrae de tu cuerpo el primer elemento de la lista (por ejemplo, imagina que es el miedo a que otras personas te pasen su energía). Cuando extraigas dicho miedo, tomará la forma de una esfera energética. Pide que tu energía se convierta en una foto en papel y obsérvala. Quizás sea una imagen relacionada con el miedo que estás limpiando o sólo un color. Para muchas personas, saldrá oscura. Ahora, pídele a la fotografía que arda y lanza las cenizas al pozo. Mira el agua. ¿Se pone negra, gris o de otro color? En el borde del pozo hay un pedal. Písalo y observa cómo el agua se desvanece como si hubiéramos tirado de la cadena hasta que vuelva a estar limpia. En este punto, quizás sientas que algo abandona tu cuerpo y notes un vacío o ligereza. Todo eso indica que la energía del miedo ha abandonado con éxito tu subconsciente.

Coge de nuevo el mismo miedo de tu lista y lleva a cabo el mismo procedimiento. Observa la fotografía y el color del agua en el pozo después de lanzar las cenizas. Ésas son las señales. Cuando la imagen y el agua tengan un color claro, piensa en una situación en la que ese miedo sea muy fuerte y comprueba si sigue resonando en tu interior. Si la respuesta es sí, sigue con la limpieza. Si no, tras eliminar el miedo, encontrarás un espacio vacío en los campos energéticos. Pídele que se cierre.

Lleva a cabo el mismo procedimiento con todos los elementos de la lista. Si sientes que estás cansado antes de acabarla, detente y vuelve a la realidad.

Después de limpiar todos los elementos de la lista, vuelve al ascensor y regresa a tu lugar. Cuando llegues, contempla el haz de luz. Permite que te cargue, limpie y equilibre. Tras terminar, dale las gracias y déjalo ir. Mira una última vez a tu alrededor, a tu lugar. Volverás muchas veces en el futuro y ya habrás estado aquí muchas veces en el pasado.

Antes de regresar a la realidad, asegúrate de que has abandonado completamente el templo o la habitación y de que ninguna parte de ti se ha quedado allí. Cuando estés preparado, vuelve poco a poco a la realidad. Presta atención a tu cuerpo y a tu entorno, regresa al mundo físico. Dales las gracias a los ángeles, a tu guía interior y a tu yo más elevado.

¿Qué no hacer?

- No hagas esta limpieza si no te sientes a gusto usando el haz de luz, entrando en trance y volviendo a la realidad.
- No dejes tu mente ni en tu lugar ni en la sala circular.
- No te sobrecargues. Si notas que te sientes cansado, vuelve a la realidad.

¿Cómo y cuándo sabré que está funcionando?
Cuando no sientas miedo ni ningún otro tipo de emoción en una situación en la que solía aparecer.

¿Por qué lo hago?
Es parte de la limpieza del subconsciente. Todas las criaturas sutiles que quieren apoyarte, todos los mensajes que te envía el universo y el canal entre Dios y tú están llenos de energías negativas por los «residuos». Después de limpiar el subconsciente, puedes llevar una vida más tranquila porque habrá menos cosas que desencadenen las energías negativas. Tu intuición se volverá más vívida y el flujo energético será más fuerte. Es parecido a encontrar la emisora de radio correcta, sin ruido blanco ni de fondo.

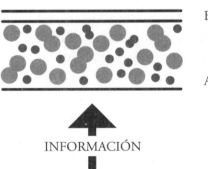

Resumen

Limpia el subconsciente de emociones indeseadas y utiliza la energía liberada para conseguir cosas mejores.

Nota: Cuando llegues al final de la lista de miedos, dolores emocionales, culpa, arrepentimientos y resentimientos, haz limpieza general. Debes decirte primero: «Ahora voy a desprenderme de todos los miedos que no haya limpiado todavía». Después, haz lo mismo con los dolores emocionales, la culpa, los arrepentimientos y los resentimientos.

EJERCICIOS COMPLEMENTARIOS

ÓRGANOS, MANOS ETÉRICAS Y EMOCIONES

Tiempo y duración
Todo el tiempo y las veces que lo necesites.

¿Qué hacer?
Utiliza tus manos etéricas para dirigir energía a tus órganos y entra en trance para ver el resultado.

¿Cómo hacerlo?
Nota: En este ejercicio, usamos las manos etéricas para tocar los equivalentes etéricos de los órganos, no los físicos. Todos los nombres de los órganos mencionados hacen referencia a los etéricos, no a los físicos. Esto es muy importante.

Si has estado practicando con las manos etéricas y te sientes seguro a la hora de usarlas, esto debería resultarte bastante fácil.

Si no, regresa a este ejercicio después de haber practicado con las manos etéricas durante un tiempo y sentirlas firmes y estables.

Siéntate en una postura cómoda, con la espalda recta, las manos sobre el vientre, a la altura del plexo solar, con una a cada lado, sin tocarse. Levanta las manos etéricas más allá de las físicas. Junta las primeras, palma con palma. Dobla los dedos noventa grados. Sigue así durante un tiempo, con la atención puesta en el espacio entre las manos etéricas.

Ahora, coge dichas manos y colócalas sobre el bazo. Deja que la energía fluya por él y lo llene. Permite que empiece a expulsar las viejas energías (quizás el proceso tarde un tiempo en iniciarse). A medida que inspires, visualiza el prana blanco que sale de la nariz hacia el bazo y lo carga de energía. Con la espiración, permite que salga por la nariz la antigua energía. Cuando te sientas preparado, saca de tu cuerpo las manos etéricas y vuelve a colocarlas sobre las físicas.

Entra en trance y estate alerta a las imágenes que puedan aparecer. Piensa en el bazo. Deja que las imágenes y los recuerdos de las antiguas energías de tu bazo llenen tu imaginación. Muéstrate pasivo y receptivo. Esas imágenes son parte de las emociones reprimidas que has olvidado y ahora vuelven a tu conciencia. Si estás seguro de la información que has recibido de la energía guardada en el órgano, puedes limpiarla usando el ejercicio anterior.

Repite el ejercicio con los pulmones, riñones, hígado, estómago, tiroides (aquí debes hacerlo con mucha delicadeza), vejiga, ombligo, plexo solar, corazón, cerebro, genitales (incluidos los ovarios y los testículos), caderas y fémures (uno cada vez). Estos órganos son obligatorios. Después, puedes trabajar con cualquier otro órgano o hueso que desees. Haz lo mismo con cada uno de los siete chakras principales. Puedes encontrar ilustraciones de ellos en Internet o en libros, pero la ubicación que muestran es aproximada. Utiliza la intuición para encontrar la localización correcta en tu cuerpo. Los chakras están ubicados en la columna vertebral y se proyectan hacia delante o hacia atrás. Empieza por la parte frontal.

¿Qué no hacer?

- Si surgen emociones, pero es muy difícil desprenderse de ellas usando el método que hemos aprendido, date tiempo o pide ayuda a un profesional. Aprende y entiende las razones y el valor de las emociones, así como a usarlas de la manera correcta.
- Esto es un proceso, por lo que se necesita tiempo. Trabaja sólo con una emoción cada vez.
- No actúes sobre los órganos físicos, sino sobre sus dobles energéticos.

¿Cómo y cuándo sabré que está funcionando?

Sentirás que surgen emociones. Después, límpialas. El flujo normal de energía se reestablecerá. Sentirás que actúas de forma distinta, no como solías hacerlo.

¿Por qué lo hago?

¡Para divertirte! También para estar más sano y porque es una experiencia agradable y educativa. Al recibir este tipo de retroalimentación, podemos descubrir qué clase de información energética almacenamos allí. Luego, podemos elegir limpiar esta energía, mantenernos equilibrados y pensar con el corazón (y la intuición), en vez de con los traumas emocionales escondidos o conocidos.

Resumen

Utiliza tus manos etéricas para estimular el flujo energético en los órganos que involucres y manifestar su información oculta.

UN DIARIO

Tiempo y duración
Todas las noches.

¿Qué hacer?
Escribe un diario con los puntos buenos y menos buenos del día y alternativas.

¿Cómo hacerlo?
Todas las noches, escribe los acontecimientos del día en los que no te gustó tu comportamiento. Ten un diario especial o cuaderno dedicado sólo a ese propósito. Después de todas las limpiezas que hemos llevado a cabo, aún tenemos *samskaras* conductuales. Muchos han desaparecido con las meditaciones y las limpiezas emocionales, pero algunos de los comportamientos y reflejos siguen ahí. Además, a veces sentimos que no hemos hecho lo suficiente o que hemos hecho demasiado (comportamiento desequilibrado).

Aquí es donde lo arreglaremos. Escribir un diario tiene dos propósitos: comunicarnos con nuestro yo más elevado (canalizar) o con nuestro subconsciente. En este caso, lo usaremos con el segundo objetivo. Escribir nos lleva al estado alfa, aunque también podemos alcanzar uno más profundo al usar algunos de los métodos que ya sabemos.

Junto con la descripción de la situación y la reacción que no te gustó, escribe tres modos alternativos de reaccionar, como hubieras preferido hacerlo. Esas tres reacciones alternativas son en realidad maneras de reprogramar el subconsciente (a lo largo de nuestra vida, nos programa la sociedad, pero ahora tenemos la oportunidad de decidir por nosotros mismos lo que nos beneficia). En el futuro, verás que cada vez tienes menos reacciones indeseadas y más de las alternativas que has escrito en el diario.

Por ejemplo, alguien vertió el café sobre ti y te enfadaste, permitiendo que la rabia te guiara y gritando a la persona, regalándole palabras bien escogidas. Después de escribirlo en el diario, añadiste tres modos alternativos de reacciones: «Le grité porque me sentí superior, tengo que prestar atención a mi ego para que no me manipule» o «Mi rabia y frustración no tenían nada que ver con ella, quien sólo era el mensajero del universo, por lo que debo darle las gracias y ver por qué ocurrió esa situación, captar las señales y actuar según ellas» o «Últimamente, me he estado presionando y he perdido el control, debo trabajar en ello desde este momento, en lugar de seguir comportamientos inconscientes automáticos».

Las situaciones que relatas en el diario pueden ser de cualquier tipo, no sólo negativas: cosas que quieras mejorar o hacer de forma correcta. Esto quizás incluya ser lo bastante valiente para decir lo que piensas, malgastar el tiempo en las personas o situaciones equivocadas, no dar todo lo que deseas a la caridad, dar demasiado o muy poco apoyo a las personas que te rodean…

Además de tener reacciones negativas, durante un día cualquiera también hacemos bien algunas cosas y actuamos como nos gusta. Apúntalas también. Date un refuerzo positivo. Por ejemplo, «El cotilla del trabajo intentó entablar conmigo una de esas conversaciones (basura), pero lo rechacé con delicadeza mientras mis ojos dejaban claro que no me gustaba el cotilleo. Ahora me respetará porque sabe que soy una persona con buenos principios».

¿Qué no hacer?

No conviertas el diario en tu amigo. Es una herramienta para evolucionar, no para compartir o contar en él tus pensamientos y emociones. Escribe líneas cortas y certeras.

¿Cómo y cuándo sabré que está funcionando?

Cuando te encuentres en situaciones familiares del pasado, pero tu respuesta mecánica sea diferente. Quizás incluso descubras que son las mismas que has escrito en tu diario.

¿Por qué lo hago?

Para cambiar reacciones indeseadas.

Resumen

¡Escribe, cariño, escribe! Establecer comunicación con tu subconsciente y reprogramar es otro punto clave para controlar y diseñar tu destino.

ZAI MUDRA

Tiempo y duración

Una o dos veces al día, alrededor de quince o veinte minutos.

¿Qué hacer?

Haz el *zai mudra* con las manos y colócalas frente a tus chakras.

¿Cómo hacerlo?

Adopta una postura cómoda, ya sea sentado o de pie. Abre las manos y separa los dedos. Colócalas frente a ti, contemplando el dorso, como si fueras a apoyarlas en una pared. Ahora, basta con mover las manos una hacia la otra hasta que se toquen, permitiendo que los índices y pulgares se unan, con lo que se forma un triángulo (índice con índice y pulgar con pulgar).

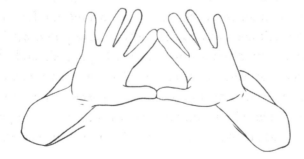

Igual que en el ejercicio anterior sobre el campo energético, observa con atención hasta que puedas percibir algo similar a una pantalla entre los dedos. Coloca el triángulo de índices y pulgares frente al punto entre las cejas y contempla la pantalla energética. Siente el flujo de energía dentro de tu cabeza. Mueve el triángulo hacia el chakra de la garganta. Permite que se concentre en la pantalla energética. Después de un tiempo, siente el flujo energético. Sigue moviendo el triángulo por los siguientes chakras hasta que llegues al primero (no olvides que todos deben estar concentrados en la pantalla, no tu mente, sino el chakra). Coloca unos minutos el triángulo frente a cada chakra. Cuando hayas terminado, sitúalo en el centro del cuerpo (donde tú consideres, usando tu intuición) y concéntrate en la pantalla con todo el cuerpo, como si fuera indivisible.

Dales las gracias al mudra y al universo.

¿Qué no hacer?
No mires durante demasiado tiempo dentro del triángulo con el chakra del tercer ojo.

¿Cómo y cuándo sabré que está funcionando?
Sentirás movimiento energético en el chakra relevante.

¿Por qué lo hago?
Este mudra es muy misterioso y simboliza cosas interesantes. Todas las tradiciones espirituales tienen sus propios símbolos. Algunas cuentan con el triángulo como símbolo. Le atribuya lo que le atribuya cada escuela, este mudra puede ser la materialización de dicha atribución. Por lo general, simboliza el movimiento ascendente de las energías o la ascensión. Conecta o ayuda a sintonizar las energías y vibraciones de nuestros cuerpos con las vibraciones de ámbitos superiores, en parte al conectar cada chakra con la vibración correcta. Las energías

superiores influyen en las inferiores, equilíbralas y aceléralas, aumentando las vibraciones.

Resumen
El símbolo del triángulo equilátero es el símbolo de Dios o del principio más elevado. Podemos conectar con ellos al recrear el triángulo con nuestras propias manos.

Limpiezas energéticas

Me hubiera gustado poner esta sección al principio del libro. Se trata de una serie de limpiezas energéticas sencillas (en su mayoría) y eficaces. Dichos métodos te parecerán total o, al menos, relativamente normales en esta etapa, pero, igual que la limpieza del subconsciente o el ejercicio de la campana, si se hubieran presentado al comienzo o incluso en mitad del libro, te habrían parecido raros y te habrían alejado de la lectura del resto. Ahora que has alcanzado esta etapa, sabes que todos los ejercicios funcionan.

Hemos visto que, cuando entramos en contacto con alguien en cierto nivel, intercambiamos energías. Y es muy importante vivir, usando sólo la energía propia. Esta sección te presentará los métodos suficientes para limpiar todas las energías indeseadas en cualquier nivel necesario.

Como hemos visto a lo largo del libro, las energías siguen la voluntad o la fuerza de voluntad y, dado que en las limpiezas energéticas tratamos con energías (utilizamos un tipo para eliminar otro), necesitamos tener una voluntad fuerte y suficiente energía psíquica.

Las limpiezas deberían llevarse a cabo una vez al día antes de irnos a la cama. No se recomienda acostarse sin haberlas hecho. También puedes hacerlas en cualquier otro momento, siempre y cuando lo creas relevante. Algunas necesitan llevarse a cabo en menos ocasiones, sólo las necesarias. Todo lo que hemos dicho sobre los principios de los ejercicios es importante también para estas limpiezas energéticas.

Hay muchas teorías, métodos y rumores en torno a la limpieza de energías indeseadas. Después de probar muchas, he descubierto que éstas son las más eficaces. La siguiente serie de limpiezas es bastante completa (al menos, para el nivel de desarrollo dentro del ámbito de este libro) y cubre todo lo que necesitas como persona sensible para liberarte de las energías indeseadas.

～ ૭

Te he pedido que lleves las limpiezas a cabo antes de irte a la cama porque es esencial acostarse limpio. No deberías tener energías externas en tu sistema. Pasamos a un estado mucho más profundo de ondas alfa en el proceso de quedarnos dormidos y las energías que no queremos mantener pueden penetrar a mayor profundidad del nivel que podemos alcanzar en esta etapa, por lo que será muy difícil limpiarlas. Sólo limpiaremos los niveles a los que podamos llegar. De este modo, si la energía que queremos limpiar está en la superficie, podremos hacerlo desde ahí.

Una simple **ducha de contraste** limpia todos los cuerpos energéticos, así como el físico. Después de terminar con la ducha normal, gira el grifo para alcanzar la temperatura más baja que puedas soportar. Permite que corra brevemente sobre las piernas, brazos y cuerpo. No dejes el agua corriendo durante mucho tiempo. Luego, cambia al agua caliente, la temperatura más alta que soportes sin quemarte y haz lo mismo (cuidado con la cabeza, que es más sensible a las altas temperaturas). Luego, vuelve al frío y, de nuevo, al calor antes de terminar con el frío. Cuanto más extrema sea la temperatura, mejor será la limpieza. Puedes hacer que el agua esté un poco más fría y caliente cada vez.

Si no tienes acceso a una ducha, usa el fregadero para lavarte las manos con agua fría, desde por encima de los codos hasta los dedos.

～ ૭

La ducha de contraste es como estar en una sauna y, después, darnos un baño helado, beneficioso para la limpieza, pero no lo bastante para las personas sensibles. Por supuesto, sirve para limpiar el cuerpo externo, pero también encierra una realidad interior de la que debemos encargarnos. La limpieza de la **rosa amarilla** está diseñada para resolver este tipo de desafíos.

Visualiza una rosa amarilla que tenga un imán. La habilidad especial de éste es que atrae las energías ajenas de tus cuerpos, todas las que no te pertenecen. Coloca la rosa amarilla sobre tu cabeza y pídele que atraiga toda la energía externa de tus cuerpos. La rosa empezará a girar y volverse más oscura. Cuando esté casi negra, retírala con cuidado y sácala de casa, a un cubo de basura en el exterior (no hace falta que vayas allí físicamente, utiliza tu voluntad, pero no quieres tener esa energía en casa). Luego, pon en él una pequeña bomba que lo haga explotar, quemando todas las energías que ha recogido. Haz la limpieza de la rosa amarilla cada vez que necesites limpiar todos tus cuerpos, incluso la cabeza. Muchas personas se olvidan de esta última después de haber limpiado los cuerpos. No te olvides de hacer explotar la rosa. No quieres que su energía acabe contaminando a otros.

Cuando hayas terminado la limpieza con la rosa amarilla, visualiza una **rosa roja** con un imán en el interior. Este último podrá atraer toda la energía que nos queda. Coloca la rosa roja en lo alto de la cabeza y pídele que recoja todas tus energías, con independencia de dónde estén o de cuándo sean (quizás aún tengas energía de hace tiempo, tal vez de una ocasión en la que estabas enfadado). Igual que con la rosa amarilla, la roja empezará a dar vueltas, recogiendo tu energía y volviéndose cada vez más oscura a medida que la absorbe. Cuando haya terminado, conecta la rosa roja con el centro de la Tierra a través de un cable y permite que todas las energías externas que estaban entrelazadas con tu energía se marchen al centro de la Tierra. Luego, haz explotar el cable. Levanta la rosa ligeramente de tu cabeza y sóplala con una oleada de energía dorada que permita que tu energía flote en el aire y forme una pequeña nube alrededor de tu cabeza. Esta energía dorada «pesa» y descenderá, cubriendo tu aura como el agua hasta que alcance los pies y entre en el cuerpo físico desde ahí. ¡Ya verás qué sensación tan buena!

Debes hacer estas dos limpiezas con rosas todas las noches antes de acostarte, pero también las puedes hacer en cualquier otro momento, cuando las necesites. Si las haces mientras estás en trance, son mucho más eficaces. Después, debes decirte que perdonas a todos, a todo y para siempre y que tú también te perdonas por todo y para siempre. Debes decirlo de corazón. Cuando no puedes, retienes parte de la energía negativa que te conecta con la persona a la que no logras perdonar. Es muy doloroso porque estás atrapado en ese momento, en el pasado, y mantienes la conexión negativa con tus energías. En cierto sentido, no puedes avanzar en tu vida porque la energía no fluye en ese punto.

Algunas personas se despiertan por la mañana (o tras una siesta) con emociones y energías negativas que traen del viaje que han emprendido mientras el cuerpo dormía. Puedes hacer también el ejercicio de la rosa amarilla por la mañana (o después de cualquier cabezada) para limpiar esas energías.

Si después de la limpieza con las rosas, sigues pensando que necesitas algo más, el siguiente ejercicio es la solución a ese reto. La limpieza de la **llama interior** se hace desde un buen estado de trance. Siéntate, alcanza el trance, coloca las protecciones, ve hasta tu lugar y pídele a la llama interior que aparezca. Lo hará en forma de vela con una llama. Coge ésta y conviértela en una bola de fuego, introdúcela en la frente y pásala a través de la glándula pineal y por la columna hasta que llegues al coxis y salga del cuerpo desde ahí. Hazlo tres veces.

Luego, coloca la vela con la llama dentro de la cabeza y pásala por encima de todo, permitiendo que la llama queme cada pizca de energía que no sea tuya. Haz lo mismo con todas las partes de tu cuerpo. A medida que muevas la vela por ellas, algunas áreas parecerán bloquear su movimiento, por ejemplo, la garganta. Si éste es el caso, no fuerces a la vela para que pase a través del bloqueo, más bien visualízala saliendo del cuerpo y volviendo a entrar más allá de dicho bloqueo. Si en algunos lugares la sensación no es buena, esfuérzate en relajar esa zona y permite que la energía pase por ella. Cuando hayas terminado, deja la vela donde la encontraste y vuelve a la realidad.

~~~~~~~~

¿Recuerdas el ejercicio de la **campana?** Es un método muy bueno de limpieza. Muy a menudo, cuando no logro encontrar el lugar adecuado, la fuente interior o la localización ni el método correcto de limpieza, hago la campana unos minutos en todas las direcciones. Inténtalo y comprueba si a ti te funciona.

~~~~~~~~

La **respiración de la cobra** despierta el fuego interior si sientes que has recibido energía que no te gusta. Por ejemplo, alguien ha pasado cerca de ti y te ha dejado en un lado del cuerpo una sensación desagradable. Concéntrate en ese lugar y espira como en el ejercicio de la respiración de la cobra. Esto desprenderá la energía de los cuerpos energéticos. Podemos usar este método para deshacernos de las energías indeseadas que surjan sin distraernos de la meditación.

Por lo general, la meditación comienza calmándonos y consiguiendo el equilibrio energético. La ventaja de esta limpieza es que no requiere ninguna preparación específica o una concentración prolongada. Un pequeño inconveniente es que sólo funciona en los niveles más superficiales y no puede limpiar energías más profundas.

~~~~~~~~

Hemos trabajado mucho en nuestro **poder de concentración,** por lo que vamos a ponerlo en práctica. Si estás en una habitación con alguien cuya energía no puedes soportar, debes decirte: «No quiero sentirme así». Hazlo de manera intencionada y dejarás de sentir la energía de esa persona. Puedes decidir no sentir todas las energías que no te gusten u ordenarles que no te toquen.

Podemos combinar el **juego de manos del taichí** con la **concentración.** Utiliza el primero mientras estás concentrado en un plano o punto que desees limpiar. Sabemos que allí donde esté nuestra concentración habremos hecho nuestro trabajo. Otra cuestión de la que debemos ser conscientes es de que la energía negativa provoca una falta de flujo energético y puede causar enfermedades. Por eso, juega con las manos mientras te concentras en un canal energético, un chakra, un punto del cuerpo o todo el flujo de energía de tu cuerpo, lo que la moverá y derribará el bloqueo del lugar de concentración. Lo mismo ocurre con las esferas energéticas y la campana. Concéntrate en cualquier lugar que lo necesite mientras haces estos ejercicios y verás dónde se produce el trabajo energético.

Por lo general, cuando hacemos el juego de manos de taichí, notamos una sensación rara aquí y allí, bloqueos. Podemos fijar la atención en ellos para limpiarlos, pero no en el cuerpo físico, sino en el resto. Recuerda que queremos trabajar con los cuerpos sutiles porque después éstos influyen en el físico.

~~~

En una conversación, cuando sientas que la otra persona está consumiendo tu energía, puedes decidir no entregársela. Además, podemos desviar la atención de esa persona (aún puedes mirarla y escucharla, pero sin prestarle toda tu atención), cortar la conexión energética y colocar una **ventana** o placa de cristal entre vosotros. También funciona para más de una persona e incluso si la conversación no se entabla cara a cara, sino por otros medios.

~~~

A veces, cuando hemos sentido las emociones de otras personas y han dejado una huella profunda en nosotros, puede ser difícil desprenderse de ellas, por lo que nos acompañan todo el día. Si visualizas una **llama violeta** con la que limpiar el ombligo, el plexo solar, el chakra del corazón y la garganta, esas impresiones de emociones ajenas desaparecerán. Si no da resultados, siempre puedes entrar en trance y limpiarlas. Sin embargo, te voy a contar un secreto: si sigues practicando, tu subconsciente se convertirá en tu consciencia. Tal vez ahora mismo eso no te interese, pero el desarrollo espiritual incluye ese paso. Cuando alcances ese punto (si lo haces), podrás llevar a cabo todas estas valiosas actividades sin esforzarte por entrar en trance.

Hay un truco interesante para las personas que vivimos en ciudades grandes. Sentimos todo porque nos encontramos demasiado cerca de cualquier cosa, sin distancia personal. Siempre podemos usar el haz de luz durante el día y cambiarlo de vez en cuando. Esto puede consumir energía, pero es eficaz. Otro truco es **amarrar el aura.** Visualiza que tu aura tiene un cable que te ata al centro de la Tierra. Toda la energía que entre en ella procederá de dicho lugar. También es importante recordar que, si te olvidas del cable, en algún momento notarás presión en el lugar que te conecta con él. Si eso ocurre, retíralo, destrúyelo y visualiza otro nuevo. Cuanto más experto te vuelvas, menos cables necesitarás. Lo mismo ocurre con las rosas.

Hay un poder universal al que llamamos **arcángel Miguel.** Por lo general, esta energía arquetípica se representa como un ángel con una espada. Podemos usar esa energía; en otras palabras, puede ayudarnos a limpiar. Hay muchas criaturas que no conocemos (y no pasa nada), que se aferran a nosotros y nos absorben la energía. En muchos casos, les gusta un tipo concreto de energía. A veces, sentimos que alguien nos empuja hacia una expresión emocional negativa, después de la cual nos sentimos agotados. ¿Recuerdas *Matrix,* la película? Somos baterías para criaturas que existen fuera de la matriz (en nuestro caso, en el ámbito astral).

Acumulamos muchas de esas criaturas durante el día y algunas incluso ponen sus huevos, por así decirlo, en nuestros cuerpos sutiles. Podemos limpiarlos con facilidad, usando la espada del arcángel Miguel. Debemos elegir un cuchillo y dedicarlo sólo a este propósito.

Nota: Para tu seguridad, utiliza un cuchillo con la punta roma.

Coge el cuchillo, reza a Dios para que te ayude a limpiar y desconectar (ya te lo explicaré después) de todo. Pregúntale al arcángel Miguel si te puede prestar la espada y visualiza tu cuchillo envuelto en llamas azules. Ahora, pasa el cuchillo por el cuerpo, comenzando por la parte superior de la cabeza y moviéndolo hacia abajo. Utiliza caricias descendentes, como cuando te peinas. Presta atención a las llamas azules. Pasa más de una vez por las áreas donde lo consideres necesario. En mi caso, en la parte posterior del chakra del corazón. No te olvides de las palmas de las manos y los pies. Al terminar, devuelve la espada (no la vendas en eBay) y dales las gracias a Dios y al arcángel Miguel. Parece una práctica ocultista, pero no lo es. Se trata de una fuerza natural como el fuego o el viento. Igual que usamos éstos, lo mismo podemos hacer con la espada del arcángel Miguel.

Sobre la parte de «desconectar» de la plegaria, hacemos contacto energético con todo aquél con el que nos relacionamos, ya sea de forma física o de pensamiento. Igualmente, las personas se entrelazan con nosotros sin que lo sepamos. No obstante, en ocasiones, están muy enfadadas y nos evocan mientras sienten dicho enfado. Recuerda que creamos al visualizar y que las emociones sirven para impulsar con fuerza el flujo energético. Así, en el momento en que esa persona está enfadada, crea un doble energético de ti y lo cuelga en la pared (lo sé, parece una muñeca vudú). Este doble energético es igual que tú y su existencia dura lo mismo que la tuya. Al usar la espada angelical, puedes cortar las conexiones creadas por otras personas.

~~~

También puedes usar la espada para limpiar a otras personas (si están de acuerdo), habitaciones o coches. Si no tienes un cuchillo, utiliza el dedo índice como tal. Lo repetiré: no limpies a personas sin su consentimiento. Sería magia negra y muy mal karma. Incluso si crees que el fin justifica los medios, no lo hagas. Es preferible que reces para que esa persona tenga el mejor resultado posible y que le envíes amor. Eso es lo único que puedes hacer sin arriesgarte a consecuencias negativas en el futuro.

En cuanto a las habitaciones o cualquier otro espacio, todo irá bien, siempre y cuando sea tu lugar y cualquier persona con la que lo compartas esté de acuerdo con la limpieza. No necesitas estar en la habitación, ni siquiera en la casa. Puedes encontrarte en otra ciudad, estado o hemisferio.

Funciona así: visualiza unas cañerías conectando las esquinas de arriba abajo. Con «esquinas», me refiero a todos los lugares donde se unan dos paredes. De este modo, en una habitación cuadrada normal, tendrás cuatro cañerías en cada pared lateral, otras cuatro en el suelo hasta crear un cuadrado y otro cuadrado en el techo. Así, habrás dibujado un cubo en la estancia que coincide con las esquinas.

A continuación, visualiza un pozo en medio de la habitación que llegue hasta el centro de la Tierra. Conecta el cubo con el pozo utilizando el mismo tipo de tuberías. Cuando la construcción esté lista, permite que todas las energías de esta sala, sean pensamientos, emociones o cualquier otra clase de energía perjudicial o que no te pertenece, ardan en el centro de la Tierra.

Igual que en casa, puedes hacerlo en tu despacho o lugar de trabajo, pero, si tienes compañeros, pregúntales si les parece bien limpiar la habitación. Es bueno hacerlo en estancias donde no fluya el aire, en las que entren muchas personas o que se usen con asiduidad a lo largo del día.

Sólo quiero recordarte que no debes mirar a la energía negativa de la que te estás desprendiendo o regresará a ti.

Epílogo

Toda la información contenida en el libro sirve para que amplíes tus conocimientos y consigas una mejor comprensión de tu sensibilidad. Cuando aprendas a equilibrarla y conozcas su naturaleza y la manera de trabajar con ella, podrás otorgarle el lugar y papel correctos en tu vida, ya que es una herramienta para obtener información a través de los canales sutiles. De esta manera, verás que la sensibilidad no es sólo una forma de vida, sino una herramienta muy sofisticada que está ahí para servirte y con la que puedes servir a otros.

Sé una buena persona, aunque cueste. Recuerda que Dios y la verdad están dentro de ti. Por eso, el equilibrio procede del interior, de tu esfuerzo y voluntad personales. Atrae luz y amor para ti y para aquellos que te rodean. Encuentra tu propio camino.

Al principio de este libro te conté qué ibas a aprender con él. Veamos en qué punto estás ahora: espero que, en esta etapa, una persona nueva esté leyendo estas líneas, me refiero desde el punto de vista del equilibrio interno, alguien que pueda abrir el libro por sus primeras páginas y sienta la diferencia entre su yo pasado y el nuevo.

Ahora podrás mirar atrás y descubrir cómo te han influido algunos ejercicios. Las esferas energéticas, la campana, la vela matutina y la meditación de eternidad te habrán ayudado a alcanzar el equilibrio energético, lo que te habrá vuelto más fuerte y te habrá alejado de la influencia de las energías de otros. El haz de luz, la ventana y el aura amarrada te habrán ayudado a protegerte.

Ya conoces el subconsciente y cómo comunicarte con él. Sabes acceder y llevar a cabo las operaciones mínimas requeridas. También eres consciente de que, cuando despertamos la energía en un órgano, después vemos en trance visiones relacionadas con los traumas escondidos y las emociones molestas de dicho órgano. Es el subconsciente comunicándose con nosotros. Además, escribir un diario es una manera de comunicarse con él.

___ ᕽ

Hemos hablado de querernos y de querer a otras personas. Sin embargo, es el mismo amor y la misma fuente, el amor de Dios en nuestro corazón, un amor inherente. Experimenta, vive y ofrece este amor en todas las formas que desees. De eso se trata.

La felicidad y la satisfacción se alcanzan cuando dedicamos nuestro tiempo a servir a otros a través de nuestras mejores habilidades. No es una coincidencia que, cuando ayudamos a alguien usando nuestros talentos, experimentemos alegría, felicidad y satisfacción. El libro trata sobre todo de la importancia que tiene para una persona sensible equilibrarse. Cuando sientas seguridad y calma, notarás cierta felicidad porque el trabajo que has desarrollado mientras leías el libro y llevabas a cabo los ejercicios es el primer paso hacia la autorrealización. Sólo podremos alcanzarla cuando estemos equilibrados y estables. No podemos dar demasiado a los demás mientras nosotros mismos lo necesitemos.

___ ᕽ

Entonces, ¿cuál es el siguiente paso? Depende de los deseos de cada uno. Desde la perspectiva del desarrollo espiritual, estamos aquí para experimentar, crear y servir. Al hacerlo, aprendemos sobre el universo y la composición de nuestros propios talentos y habilidades, formados por lo que tenemos en esta reencarnación y lo que hemos acumulado en las anteriores.

La combinación de nuestras acciones, experiencias y aprendizajes es la razón por la que estamos aquí. Hacemos cosas desde nuestro interior. Cuánto más equilibrados estemos y más conectada se encuentre la acción con la esfera de nuestra felicidad, más cerca estaremos de cumplir nuestro destino.

Hemos aprendido acerca de los cuerpos sutiles y un poco sobre cómo interactúan dichos cuerpos con la realidad. Sin embargo, también tenemos otra serie de herramientas sobre las que hemos aprendido: tus talentos y habilidades. El siguiente paso consiste en aprender cómo, cuánto y cuándo usarlos. Piensa en tu sensibilidad. Espero que hayas conseguido encontrar un buen equilibrio y que tu calidad de vida haya mejorado mucho. Sin embargo, ¿sabes por qué la sensibilidad es una herramienta que posees? ¿Sabes dónde y cuándo usarla? No tu yo del día a día, sino el alma que eras antes de reencarnarte en la Tierra. Hay muchos tipos de brochas, cada una para una pintura, gama y superficie. No pintarías una casa con un pequeño pincel para líneas finas y no utilizarías una brocha de pared para pintar en un lienzo. Eso está claro, pero las cosas se complican cuando se trata de tu sensibilidad. No obstante, dado que es una de las herramientas de tu caja, aprender a usarla, saber su propósito y cómo combinarla con otras herramientas debe ser el siguiente paso.

Para poder hacerlo, debemos aprender qué nos pone alegres y nos hace felices. Es el momento de encontrar el objetivo de nuestra vida. Hemos venido aquí a hacer algo, algo que sólo nosotros podemos hacer. Cuando éramos niños, es probable que jugáramos al juego de frío y caliente (escondíamos algo en una habitación y decíamos «frío» o «caliente», dependiendo de lo cerca o lejos que estuvieran del objeto los que lo buscaban). Lo mismo ocurre entre el universo y nosotros. Cuanto más nos acercamos, más energías, alegría y felicidad obtenemos de él.

Después de descubrir lo que nos hace felices, debemos conocer nuestros talentos y habilidades, las herramientas que tenemos que dominar y desarrollar y la manera de ayudar a otros. Tras aprenderlo, debemos encontrar la mejor combinación de nuestras habilidades, usando nuestras herramientas en la proporción precisa, en la situación adecuada, con la persona apropiada por la razón correcta. Por eso, existes y debes aprender esas lecciones.

De las herramientas de la caja, la sensibilidad puede ser la más destructiva y difícil de equilibrar, pero también la que más impulsará tu desarrollo espiritual.

Sé flexible, no te quedes atrapado en tus creencias o principios. Si algo no sirve en tu desarrollo espiritual o tu camino, déjalo ir. Libera el espacio para nuevas energías que sí te sirvan y ayuden.

Perdona más, perdona siempre, perdona a todos, empezando por ti mismo. No se puede exagerar al hablar de su importancia. Si adoptas este principio, verás cuánto te desarrollas espiritualmente.

Pregúntale siempre a tu corazón antes de hacer algo y encuentra la fuerza para hacer lo correcto. Puedes alcanzar el resultado deseado por las buenas o por las malas. Cree en la naturaleza bondadosa de otras personas y en sus grandes corazones. Hay muchas personas buenas a tu alrededor que te ayudarán. No seas demasiado orgulloso como para rechazar la ayuda. Debes mantener el equilibrio entre dar y recibir.

No pierdas la esperanza ni sientas pena por ti. Sigue trabajando: mientras te muevas, todo irá bien, aunque sea con mucha lentitud. Cuando alcances el estado deseado, no pases demasiado tiempo ahí. Recuerda que te espera tu camino.

Mantén el equilibrio entre pasar tiempo centrado en tu propio crecimiento y ayudar a otros a crecer. Hay períodos de tiempo en los que nos encerramos en nosotros mismos para trabajar y alcanzar el siguiente nivel, y otros en los que salimos fuera para ayudar a los demás. Mantén el equilibrio entre centrarnos en el interior y en el exterior. Ningún camino es ideal, sólo alcanza el equilibrio y sigue adelante sin dejar atrás a aquellos que están preparados para seguir tus pasos y los del gran maestro.

Y recuerda: no hay nada, ningún ejercicio, método o remedio, que resuelva todos tus problemas. Con cada uno de ellos, con cada energía, el universo nos confía un desafío más grande, una oportunidad mayor para descubrir nuestra naturaleza divina. Con cada desafío, el universo nos dirige hacia el método, conocimiento o remedio correcto (igual que te ha traído a este libro). Un espíritu en el camino adecuado supone una aventura fabulosa e interminable. Cuanto más nos elevemos, más interesante se volverá…

Índice

Lista de ejercicios

Los ejercicios principales están marcados en negrita. El resto son complementarios a los principales.

Bibliografía

Los libros citados a continuación se unen a las reuniones individuales y los talleres en grupo con el autorrealizado maestro Dimitar Komitov.

WALTER ATKINSON, W.: *Your mind and how to use it.* (Nueva edición publicada en 2016 por Andesite Press).

DE LONG, D.: *Ancient Healing Techniques: A Course in Psychic and Spiritual Development.* Llewellyn Publications, Woodbury, Minnesota, 2005.

KARDEC, A.: *The Spirit's Book.* Autopublicado, 1857 (Nueva edición con publicación independiente en 2018). (Trad. cast.: *El libro de los espíritus.* Plutón Ediciones: 2022).

—: *The Book on Mediums.* Autopublicado, 1861 (Nueva edición con publicación independiente en 2021). (Trad. cast.: *El libro de los médiums: guía de los médiums y los evocadores.* Librería Argentina: Madrid, 2005).

PAULSON, G. L.: *Kundalini and the Chakras.* Llewellyn Publications, Woodbury, Minnesota, 2002. (Trad. cast.: *Kundalini y los chakras.* Edaf, D. L.: Madrid, 1994).

STEINBRECHER, E. C.: *Inner Guide Meditation: A Spiritual Technology for the 21st Century.* Red Wheel/Weiser, Newburyport, Minnesota, 1994. (Trad. cast.: *La meditación del guía interior.* Sirio: Málaga, 2001).

STEVENS, J. C.: *Kriya Secrets Revealed: Complete Lessons and Techniques.* Publicación independiente, 2013.

STONE, J. D.: *Soul Psychology: How to Clear Negative Emotions and Spiritualize Your Life.* Wellspring/Ballantine, Nueva York, 2010.

RAMACHARAKA, Y.: *Science of Breath.* 1903 (Nueva edición publicada en 2007 por Book Jungle). (Trad. cast.: *La ciencia hindú yogi de la respiración.* Creación: San Lorenzo del Escorial, Madrid, 2014).

—: *Hatha Yoga; or, the Yogi Philosophy of Physical Well-being.* 1904 (nueva edición publicada en 2016 por Wentworth Press). (Trad. cast.: *Hatha Yoga: filosofía yogi del bienestar físico: guía para la salud y la superación personal.* Biblok, D. L.: Barcelona, 2014).

—: *The Kybalion.* Yogi Publication Society, 1908 (Nueva edición con publicación independiente en 2020). (Trad. cast.: *El Kybalión. Tres Iniciados.* Plutón Ediciones: O Porriño, 2021).

A propósito del autor

Fotografía de Nevena Rikova

Bertold Keinar es un sanador de reiki y un estudioso del conocimiento esotérico y místico. Se dedica a guiar a las personas sensibles en las dificultades de su vida diaria y se ha especializado en personalizar técnicas esotéricas para ayudar a los demás. Vive en Bulgaria.